Almanaque pedagógico afro-brasileiro

3ª edição
1ª reimpressão

Uma proposta de intervenção pedagógica na superação do racismo no cotidiano escolar

Rosa Margarida de Carvalho Rocha

FICHA TÉCNICA

Curadoria:
Rosa Margarida de Carvalho Rocha

Produção Executiva:
Aparecida dos Reis Maria
Rosa Margarida de Carvalho Rocha

Pesquisa:
Rosa Margarida de Carvalho Rocha

Ilustração:
Marcial Ávila
Gustavo Tupiná
Maurício Pestana
Pensador Angolano (Domínio Público)
Xavier M'beve
Berzé

Revisão:
Iris Maria da Costa Amâncio

Elaboração do projeto:
Nzinga Coletivo de Mulheres Negras - Belo Horizonte

Planejamento visual:
André Carvalho Mol e Silva
Liliana Kelly dos Santos
Fabiano Augusto De Matheus

Design Editorial:
André Carvalho Mol e Silva
Liliana Kelly dos Santos

R672a   Rocha, Rosa Margarida de Carvalho.
        Almanaque pedagógico afro-brasileiro / Rosa
Margarida de Carvalho Rocha; ilustrado por Ávila...[et al.].
– 3 ed. – Belo Horizonte : Mazza Edições, 2012.
       168p.; 21x28 cm.

       ISBN: 978-85-7160-558-9

       1.Afro-Brasileiro-Almanaque. 2.Almanaque Pedagógico.
I. Ávila, Marcial. II.Título.

                              CDD:036.9
                              CDU:059

Produção gráfico-editorial:
Mazza Edições
Rua Bragança, 101 - Pompeia – Telefax: (31) 3481-0591
30280-410 Belo Horizonte - MG
e-mail: edmazza@uai.com.br
www.mazzaedicoes.com.br

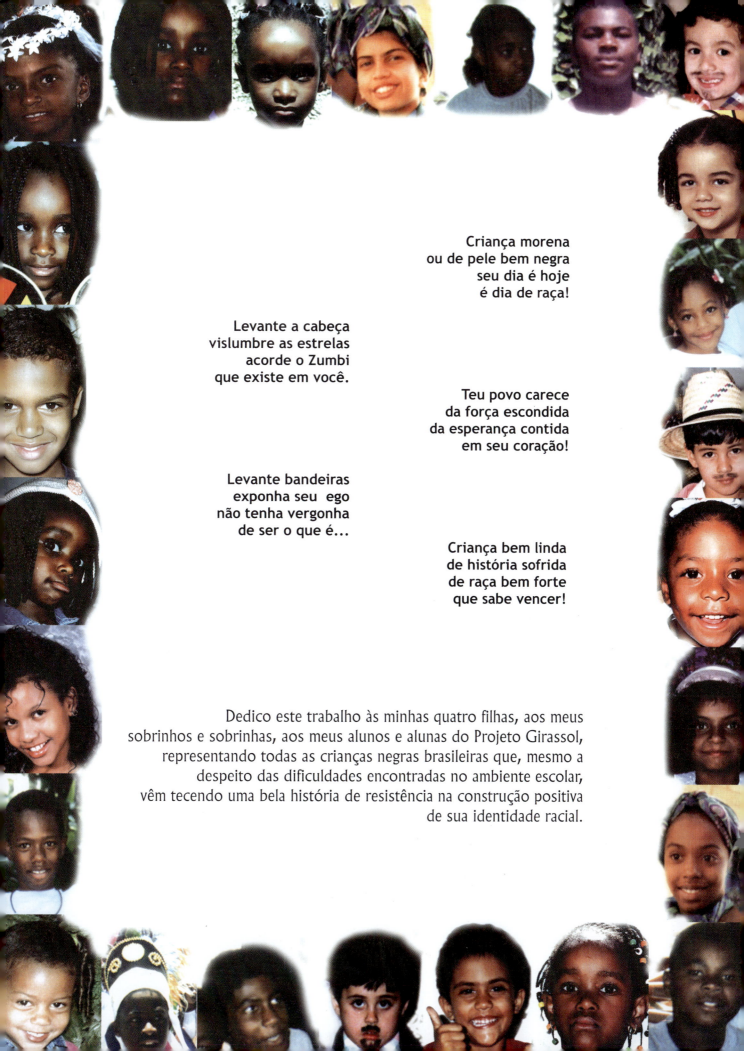

Criança morena
ou de pele bem negra
seu dia é hoje
é dia de raça!

Levante a cabeça
vislumbre as estrelas
acorde o Zumbi
que existe em você.

Teu povo carece
da força escondida
da esperança contida
em seu coração!

Levante bandeiras
exponha seu ego
não tenha vergonha
de ser o que é...

Criança bem linda
de história sofrida
de raça bem forte
que sabe vencer!

Dedico este trabalho às minhas quatro filhas, aos meus sobrinhos e sobrinhas, aos meus alunos e alunas do Projeto Girassol, representando todas as crianças negras brasileiras que, mesmo a despeito das dificuldades encontradas no ambiente escolar, vêm tecendo uma bela história de resistência na construção positiva de sua identidade racial.

AGRADECIMENTOS

À Alzira e Auxiliadora (Téia), minhas duas mães que, juntas, teceram a pessoa que consegui me transformar...

Às amigas Nzingas que possibilitaram transformar meu sonho em trabalho e dar a este trabalho o encanto do sonho. Obrigada, Benilda, Cida Reis, Adriana, Andréa e Íris Amâncio.

A meu amigo Marcial Ávila, anjo de luz que enriqueceu o texto com suas ilustrações.

SUMÁRIO

Prefácio..7

Apresentação..9

A escola e a criança negra......................................13

Princípios norteadores quanto ao trato da questão racial
no cotidiano escolar..15

Educação etnocêntrica ou antirracista?..........................17

Descontruindo, ressignificando, reconstruindo...................23

A palavra é… 26

Isto é preconceito, você sabia?.................................29

Isto também é preconceito.......................................30

Esclarecendo dúvidas..31

Pérolas negras..32

Folha introdutória das grandes personalidades...................33

Dados significativos para a comunidade negra....................45

Um mundo para todos...62

Proposta de trabalho, criança negra na escola..................68

Projeto recriando...73

O povo brasileiro...82

Sentindo na pele..91

Anexos

Sou negro..106

Teatro...109

13 de Maio...113

Texto maluco...116

Texto lacunado...118

Desafio..120

Brincando com símbolos...122

Caça-palavras..127

Afroteca...129

Jogo do *stop*...131

Bingo negro..134

Jogo do contraponto...145

Trilhafro...149

Na trilha da lei..154

Na trilha do preconceito......................................156

Jogo da memória..158

Bibliografia...163

Referências bibliográficas..................................165

Sobre a Lei 10.639/2003.....................................166

Dados sobre a autora..168

PREFÁCIO

"Eu me lembro de que uma vez, na escola, eu tinha 7 anos. Isso daí me marcou demais. As crianças estavam brincando no recreio e o pessoal da minha classe ia brincar de pique-pique-rela e eu cheguei perto do Marcos e falei assim: "Marcos, deixa eu brincar?". E ele falou assim: "Não, gente preta a gente não deixa brincar". Ah! Isso... sabe? Cabeça de criança, né? Acabou comigo, eu chorei, sabe..."

MHP, 2001/SC, 57 anos.

A descrição feita neste papel jamais vai aproximar-se da emoção que cercava esta professora durante o depoimento em uma Oficina sobre Educação e Racismo. Suas lágrimas eram reveladoras de uma dor que fez com que todos nós que a ouvíamos começássemos a fazer vários questionamentos, entre eles:

Essa professora, tinha 7 anos, ou seja, cinquenta anos se haviam passado, e ela ainda se lembrava da cena, da brincadeira, do horário do recreio, do nome do colega (Marcos) e da resposta dele, com uma precisão de causar inveja. Por quê?

Quem era Marcos? Fatalmente uma criança não "preta" que sabia diferenciar quem era "gente preta" e que não era "gente preta" para ter acesso ou não à brincadeira.

Por que ela tenta justificar a atitude de Marcos? "Cabeça de criança, né?" Entretanto, em seguida, não esconde que mesmo a cabeça de criança a abalou muito: "Acabou comigo, eu chorei, sabe..."

O que esta cena deixou para a professora de Santa Catarina? Ela mesma responde: "Isto daí me marcou demais".

O acesso à educação sempre foi uma das principais bandeiras de luta do Movimento Social Negro, e continua sendo. A reivindicação do direito à educação de qualidade busca não apenas o direito ao estudo, mas também à formação para a cidadania responsável por uma sociedade mais justa, democrática e fraterna, como o Quilombo dos Palmares.

Entendemos que o racismo precisa ser superado nos atos das pessoas. Esses atos silenciosos são ações e dizem qual é o compromisso que as pessoas têm para combater o racismo.

A III Conferência Mundial contra o Racismo, Xenofobia e Intolerâncias Correlatas ocorreu em Durban, África do Sul, no ano de 2001, promovida pela Organização das Nações Unidas (ONU).

Foi um momento muito significativo na luta contra o racismo, pois, pela primeira vez na história, 173 países reconhecem que as estatísticas das desigualdades social e racial, a violência e o racismo têm sua origem na escravidão.

Com a presença de 500 delegados na África do Sul (fomos a segunda maior delegação presente), o Movimento Negro saiu vitorioso ao exigir que o Brasil assumisse o compromisso de elaborar políticas de ações afirmativas para minimizar o imenso fosso existente na vida de negros e não negros brasileiros.

Ações afirmativas significam revisão nos livros didáticos, capacitação de professores, revisão dos conteúdos curriculares, mudança de posturas e lógicas, conhecimento e valorização da cultura africana, etc.

Há exatamente trezentos e quarenta anos morria, em Quina Grande dos Ganguelas, Angola, a Rainha Nzinga. Mulher enigmática e rainha carismática, estadista e diplomata consumada, comandante hábil que travou uma luta sem quartel contra os portugueses pela independência de sua gente e pela sobrevivência de seu reino.

Por isso, o Nzinga – Coletivo de Mulheres Negras de Belo Horizonte, ao lançar este **Almanaque**, orgulha-se de afirmar que "somos herdeiras da rainha".

Quebrar o silêncio que impera nas relações raciais no cotidiano escolar é o nosso desafio. Acreditamos em Martin Luther King, quando ele afirmou: "Houve uma raça de pessoas, de pessoas negras, de pessoas que tiveram a coragem de lutar por seus direitos e assim injetaram um novo significado nas veias da história e da civilização".

O **Almanaque** que apresentamos agora é um dos caminhos. O desafio está posto. Axé!!

Benilda Regina Paiva de Brito
Psicopedagoga, Coordenadora do Nzinga - Coletivo de Mulheres Negras de Belo Horizonte e Membro do Conselho Nacional de Combate à Discriminação/ Ministério da Justiça.

APRESENTAÇÃO

Caro(a) amigo(a) professor(a)

Convivemos, no momento, com o avanço da escola brasileira no que se refere às possibilidades de acesso da criança à instituição escolar. No entanto, no que se refere à permanência e ao sucesso dos sujeitos nesse espaço, há muito a ser feito. Especialmente quando visualizamos o alunato negro e seu desempenho negativo nos gráficos escolares quanto à evasão, repetência e infrequência.

Nas últimas décadas, muitos estudiosos, especialmente do Movimento Negro contemporâneo, têm centrado suas reflexões na educação e na escola. Estas reflexões vêm denunciando e avaliando a escola, no geral, como um espaço adverso, um ambiente inibidor do processo de construção de conhecimento da criança negra. Práticas escolares e rituais pedagógicos impregnados de racismo dificultam a construção positiva da autoestima e comprometem o seu sucesso escolar.

Nesse momento especial de luta pelos direitos sociais, medidas efetivas devem ser tomadas para a reversão dessa situação no âmbito educacional, se, de fato, a escola quiser construir-se democrática.

Simultaneamente às denúncias feitas ao contexto escolar, um novo tempo se delineia. Uma nova cultura contra a exclusão e o insucesso escolar da criança negra vem sendo tecida de forma mais objetiva. O pensar crítico sobre o etnocentrismo do currículo, a formação do professor sobre questões essenciais relativas ao conhecimento, a valorização e o respeito à cultura negra e a viabilização de projetos pedagógicos, propostas alternativas e produção de material didático e paradidático, contemplando os afro-brasileiros, são algumas das estratégias que têm sido empreendidas.

É neste contexto que esta produção editorial quer inserir-se e também contribuir para ampliar o número ainda reduzido dessas produções. Faz-se fundamental chegar às mãos dos(as) professores(as) material que os inspire na construção de uma metodologia positiva de tratamento pedagógico da diversidade racial, visualizando com dignidade o povo negro brasileiro.

Receba, portanto, amigo(a) professor(a), com carinho, este trabalho que não tem a pretensão de ser uma publicação acadêmica, nem mesmo um guia mágico que o ajudará a solucionar as questões voltadas para as relações interétnicas no cotidiano escolar. Contudo deseja, sim, servir-se da proposta dos velhos (e sempre atuais) "almanaques" de apresentar sugestões e informações importantes e necessárias de forma lúdica e prazerosa.

Sem dúvida, esta publicação poderá ser o caminho mais curto entre você, professor, e a informação de que precisa para estimular pesquisas mais elaboradas, reflexões e debates, contribuindo, assim, para alavancar uma intervenção pedagógica efetiva, em que você, inegavelmente, é a mola mestra!

Desejo sucesso na execução da sua parte na bela tarefa de tornar o cotidiano de nossas escolas um ambiente propício ao respeito às diferenças e de superação do racismo.

Rosa Margarida
Autora

"O projeto de vida dos jovens negros só será viável dentro de uma política educacional que reconheça a formação étnica deste país e valorize os padrões culturais das etnias."
(Raquel de Oliveira)

A escola e a criança negra

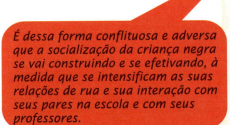

A sociedade brasileira ainda reforça uma ideologia de inferioridade em relação aos negros, mesmo a despeito de este segmento representar grande parte da população. Segundo dados do Instituto de Pesquisas Econômicas Aplicadas (IPEA), os negros e pardos representam 45,2% da população brasileira, aproximadamente 73 milhões de pessoas.

Esta prática racista elegeu um padrão europeu de cultura, beleza e estética, negando e inferiorizando o grupo negro.
As experiências negativas vivenciadas pelas crianças negras nesse modelo de sociedade discriminatória fazem com que elas sejam levadas a construir negativamente imagens sobre si próprias, desenvolvendo uma baixa autoestima e rejeição de suas raízes étnicas.

É dessa forma conflituosa e adversa que a socialização da criança negra se vai construindo e se efetivando, à medida que se intensificam as suas relações de rua e sua interação com seus pares na escola e com seus professores.

Portanto, quando a criança negra chega à escola, ela traz consigo uma série de indagações em relação ao seu pertencimento racial, a que a escola irá responder de forma favorável ou não, através de suas práticas pedagógicas, atitudes, posicionamento e até mesmo de seus silêncios...

A escola pública, que é basicamente constituída pela população empobrecida, filhos de trabalhadores, em sua maioria negra, deverá atentar para o perfil psicológico e o quadro adverso em que se desenvolve a socialização dessa sua clientela.

Certamente, a história de vida dessa população deverá ser o ponto de partida para o favorecimento de seu processo de construção de conhecimento. Incorporar, ao seu cotidiano, estratégias que contemplem as necessidades específicas desses alunos é dever de todo profissional de educação e, em especial, daquele que atua na escola pública e a deseja de qualidade!

Isto quer dizer que as propostas curriculares brasileiras deverão fundamentar-se em princípios norteadores de uma educação antirracista; tratar pedagogicamente a diversidade racial, promovendo a visibilidade positiva do grupo negro no nosso País!

Nas últimas décadas, alguns educadores têm tentado fundamentar sua prática cotidiana, direcionando-a para uma educação antirracista, o que abre maiores possibilidades de sucesso escolar para o aluno negro. Nesse construir, alguns princípios fundamentais têm norteado seus trabalhos.

Princípios norteadores quanto ao trato da questão racial no cotidiano escolar

1 - A questão racial como conteúdo multidisciplinar durante o ano letivo

É fundamental fazer com que o assunto não seja reduzido a estudos esporádicos ou unidades didáticas isoladas. Quando se dedica apenas tempo específico para tratar a questão ou direcioná-la para uma disciplina, corre-se o risco de considerá-la uma questão exótica a ser estudada, sem relação com a realidade vivida. A questão racial pode e deve ser assunto para todas as propostas de trabalho, projetos e unidades de estudo de todo o ano letivo!

2 - Reconhecimento e valorização das contribuições reais do povo negro à nação brasileira

Ao estudar o segmento negro ou outros diferentes grupos sociais, atentar para visualizá-los com consciência e dignidade, enfatizando as contribuições sociais, econômicas, culturais, seus pontos positivos e negativos, experiências, estratégias e valores. Tratar com superficialidade, banalizando e/ou folclorizando sua cultura, estudando apenas aspectos relativos a seus costumes, alimentação, vestimenta ou rituais festivos é um equívoco que não pode acontecer no ambiente escolar.

3 - A conexão entre as situações de diversidade com a vida cotidiana nas salas de aula

É um fator indispensável! Tratar as questões raciais no ambiente escolar apenas "transversalmente", ou em uma disciplina, etapa determinada ou dia escolhido, não é a melhor estratégia para levar os alunos aos posicionamentos de ação reflexiva e crítica da realidade em que estão inseridos. Na contextualização das situações, eles aprenderão conceitos, analisarão fatos e poderão ser capacitados para intervir na sua realidade, a fim de transformá-la.

4 - Combate às posturas etnocêntricas para a desconstrução de estereótipos e preconceitos atribuídos ao grupo negro

A visão de que as diferenças entre grupos etnoculturais não têm nada a ver com superioridade ou inferioridade dos mesmos deverá ser cultivada no ambiente escolar, comprometido com a construção de uma metodologia antirracista.

5 - A história do povo negro, a cultura, a situação de sua marginalização e seus reflexos incorporados como conteúdo do currículo escolar

Esta história, bem como a dos outros grupos sociais oprimidos e toda a trajetória de luta, opressão e marginalização sofrida por eles, deverá constar como conteúdo escolar.

Os alunos compreenderão melhor os porquês das condições de vida dessas populações e a correlação entre estas e o racismo presente em nossa sociedade. As situações de desigualdades deverão ser ponto de reflexão para todos e não somente para o grupo discriminado, condição básica para o estabelecimento de relações humanas mais fraternas e solidárias.

6 - Extinção do uso de material pedagógico contendo imagens estereotipadas do negro, com repúdio às atitudes preconceituosas e discriminatórias

A escola que deseja pautar sua prática escolar no reconhecimento, aceitação e respeito à diversidade racial articula estratégias para o fortalecimento da autoestima e do orgulho ao pertencimento racial de seus alunos. Banir de seu ambiente qualquer texto, referência, descrição, decoração, desenho, qualificativo ou visão que construir ou fortalecer imagens estereotipadas do negro, ou de qualquer outro coletivo diferente, é imprescindível. Portanto, deverá ser meta da instituição escolar elevar o nível de reflexão de seus educadores, instrumentalizando-os no sentido de fazer uma leitura crítica do material didático, paradidático ou qualquer produção escolar.

7 - Uma maior atenção à expressão verbal escolar cotidiana

A escola deverá estar alerta quanto à linguagem utilizada no cotidiano escolar, pois esta é fortemente expressiva! Eufemismo para se referir ao pertencimento racial do aluno, falas que depreciam o povo negro e sua cultura, apelidos depreciativos relacionados à cor, comparação, usando-se a cor branca como símbolo do que é limpo e a cor preta simbolizando o que é sujo e ruim, deverão ser abolidos.

As falas diretas, de respeito e valorização do grupo racial negro por parte dos educadores ajudarão sensivelmente na construção positiva da identidade racial dos alunos.

8 - A construção coletiva de alternativas pedagógicas com suporte de recursos didáticos adequados

É uma empreitada para toda a comunidade escolar: direção, supervisão, professores, bibliotecários, pessoal de apoio, grupos sociais e instituições educacionais. Algumas ferramentas são essenciais nessa construção: a disponibilização de recursos didáticos adequados, a construção de materiais pedagógicos eficientes, o aumento do total de livros da biblioteca sobre o assunto, a oferta de variedade de brinquedos contemplando as dimensões multiculturais. E o mais importante: a capacitação constante do professor para lidar com essas questões.

EDUCAÇÃO ETNOCÊNTRICA OU ANTIRRACISTA?

A tentativa de rompimento do silêncio que envolve a questão racial no ambiente escolar tem provocado, entre os profissionais da educação, um interesse maior em relação ao discurso da diversidade, da pluralidade e do respeito às diferenças em nossa sociedade.

Os Parâmetros Curriculares Nacionais (PCNs) têm incentivado, no meio escolar, alguns posicionamentos diante desta questão. Algumas escolas têm tentado romper com suas posições tradicionais e avançar em iniciativas que sustentem esse discurso.

Sua escola incorpora práticas condizentes com esta, ou não? Qual tem sido o posicionamento de sua escola ante as questões raciais? Como ela interage com a população negra? Em que ponto encontra sua escola, no itinerário de construir uma educação antirracista?

Faça o teste e descubra que tipo de educação sua escola prioriza
Etnocêntrica ou antirracista?

Em minha escola...
Marque um x na alternativa que corresponde à realidade de sua escola

| | A | B | C |

1. A trajetória histórica do negro é estudada...
a - No 13 de Maio, no mês do folclore, no 20 de Novembro.
b - Como conteúdo nas várias áreas que possibilitem tratar o assunto.
c - Não é estudada.

2. Acredita-se que o racismo é para ser tratado...
a - Pedagogicamente pela escola.
b - Pelos movimentos sociais.
c - Quando acontecer algum caso evidente na escola.

3. A cultura negra é...
a - Estudada como rico folclore do Brasil.
b - Um instrumento da prática pedagógica.
c - Quando vira assunto na mídia.

4. O currículo...
a - Baseia-se nas contribuições das culturas europeias representadas nos livros didáticos.
b - Constrói-se baseado em metodologia que trata positivamente a diversidade racial, visualizando e estudando as verdadeiras contribuições de todos os povos.
c - Procura apresentar também aos alunos informação sobre os indígenas e os negros brasileiros.

5. O professor...
a - Posiciona-se de forma neutra quanto às questões sociais. É o transmissor de conteúdos dos livros didáticos e manuais pedagógicos.
b - Reavalia sua prática refletindo sobre os valores e conceitos que traz introjetados sobre o povo negro e sua cultura, repensando suas ações cotidianas.
c - Tem procurado investir em sua formação quanto às questões raciais.

6. Trato das questões raciais...
a - É feito de forma mais generalizada, pois a escola não tem possibilidade de incidir muito sobre elas.
b - É contextualizado na realidade do aluno, levando-o a fazer uma análise crítica dessa realidade, a fim de conhecê-la melhor, e comprometendo-se com a sua transformação.
c - Não é considerado assunto para o interior da escola.

7

As diferenças entre grupos etnoculturais...
a - Não são tratadas, pois podem levar a conflitos.
b - Servem como reflexão para rever posturas etnocêntricas e comparações hierarquizadoras.
c - É mostrada como diversidade cultural brasileira.

8

As situações de desigualdade e discriminação presentes na sociedade são...
a - Ponto para reflexão para todos os alunos.
b - Ponto para reflexão para os alunos discriminados.
c - Instrumentos pedagógicos para a conscientização dos alunos quanto à luta contra todas as formas de injustiça social.

9

Acredita-se que, para fortalecer o reconhecimento, a aceitação e respeito à diversidade racial, deve-se...
a - Promover o orgulho ao pertencimento racial de seus alunos.
b - Procurar não "chamar a atenção" para as visões estereotipadas sobre o negro em livros, produções e textos existentes no material didático.
c - Promover maior conhecimento sobre as heranças culturais brasileiras.

10

Quanto à expressão verbal...
a - Acredita-se que a linguagem usada no cotidiano escolar tem o poder de influir nas questões de racismo e discriminação.
b - Usam-se eufemismos para se referir ao pertencimento racial dos alunos, para não ofendê-los.
c - A linguagem não tem influência direta nas questões raciais.

11

Quanto ao trabalho escolar...
a - Alguns professores falam da questão racial na escola, em determinadas etapas do ano letivo.
b - Existe um trabalho coletivo com a participação de todos, inclusive direção e funcionários.
c - Existe resistência dos professores para tratar a questão racial. quanto à luta contra todas as formas de injustiça social.

12

Quanto à biblioteca...
a - Existem muitos e variados livros que tratam sobre a questão racial e que contemplam alunos e professores.
b - Existem alguns títulos de livros (2 ou 3) que contemplam a questão racial.
c - Não existe literatura que contemple a questão racial.

13

Quanto à capacitação dos professores sobre a questão racial...
a - Ainda não se teve oportunidade de se estudar sobre a questão.
b - Algumas vezes no ano fazemos cursos e/ou grupos de estudo sobre a questão racial.
c - Têm procurado incorporar o assunto nas discussões, reuniões pedagógicas, grupos de estudo e momentos de formação.

CHAVE DE CORREÇÃO

Coloque um ponto em cada quadrinho em que sua resposta coincidir com a chave de correção.
De acordo com os pontos obtidos, identifique as características de sua escola: ela promove uma educação etnocêntrica ou antirracista?

1- A [1] B [2] C [0] = [ ]
2- A [2] B [0] C [1] = [ ]
3- A [0] B [2] C [1] = [ ]
4- A [0] B [2] C [1] = [ ]
5- A [0] B [2] C [1] = [ ]
6- A [1] B [2] C [0] = [ ]
7- A [0] B [2] C [1] = [ ]
8- A [1] B [0] C [2] = [ ]
9- A [2] B [0] C [1] = [ ]
10- A [2] B [0] C [0] = [ ]
11- A [1] B [2] C [0] = [ ]
12- A [2] B [1] C [0] = [ ]
13- A [0] B [1] C [2] = [ ]

De 0 a 6 pontos

Sua escola está na fase "da invisibilidade"

Sua escola ainda não conseguiu caminhar quanto à questão racial. O tema ainda é tabu. Ela pensa que pode se manter "neutra", sem ter nada a ver com esta questão; o silêncio foi a estratégia escolhida para isso. A população negra, que certamente está bem representada em sua escola (levando-se em conta que, segundo o IBGE 2001, ela representa 45% da população brasileira), é considerada "invisível". Todos os alunos estão perdendo a oportunidade de formação de valores essenciais para uma convivência harmônica em sociedade. Que pena!

De 7 a 18 pontos

Sua escola está na fase da "negação"

O assunto racial começa a ser discutido em sua escola. Mas a maioria dos professores nega a existência do racismo na sociedade e, mais ainda, no ambiente escolar. Acredita-se, também, no falso mito da democracia racial; que falar de racismo é incitar ódio entre raças; que as desigualdades são apenas econômicas. Mas, para "salvar" a situação, existe um ou outro professor que teima em colocar o assunto no 13 de Maio e no 20 de Novembro, não é mesmo?
A cultura negra vira folclore e a verdadeira história de resistência do povo negro não tem servido como exemplo de luta pela cidadania a todos os alunos.

De 19 a 24 pontos

Sua escola está na fase do "reconhecimento"

Muito bem! Sua escola está no itinerário correto! Reconhece a necessidade urgente de transformar a escola em um espaço de luta contra o racismo e a discriminação. Os alunos aprenderam conceitos e temas sobre os diferentes grupos sociais presentes na sociedade. A realidade do aluno é reconhecida e trabalhada. Projetos de trabalho são empreendidos sobre a questão racial.
É um bom começo! Continuem a enfrentar esse belo desafio!

26 pontos

Sua escola está na fase do "avanço"

Parabéns! Sua escola avançou bastante no itinerário de construir-se verdadeiramente democrática. Visualiza com dignidade os diversos grupos que compõem nossa sociedade. Usa as suas contribuições como ferramentas pedagógicas no trato da diversidade sociorracial e cultural brasileira. Certamente, os alunos negros de sua escola têm uma elevada autoestima e orgulho de seu pertencimento racial. Todos os alunos reconhecem, bem claro dentro de si, a necessidade de respeitar as diferenças e sabem que diferença não quer dizer superioridade nem inferioridade: é apenas diferença.

DESCONSTRUINDO...

RESSIGNIFICANDO...

RECONSTRUINDO...

"Temos que aceitar que introjetaram em nós uma série de mecanismos, uma série de posturas que são racistas e autoritárias. Então, para aceitar isso, é preciso ter coragem de assumir essa luta e essa contradição. Nós somos contraditórios e a assunção desta contradição nos dará coragem para enfrentar nossas dificuldades."

(Helena Theodoro Lopes)

Constitui um dos direitos essenciais da criança negra na escola que os profissionais que atuam efetivamente em sua formação estejam preparados para lidar com os conceitos e conteúdos necessários aos conhecimentos históricos e culturais do povo negro.

É essencial também que estes façam uma autoanálise e autocrítica sobre valores e conceitos que trazem introjetados sobre a cultura negra e seu povo. Sabemos que o preconceito, muitas vezes, é fruto de julgamentos, de opiniões fundamentadas em informações incorretas, ou da falta deles.

Portanto, um maior conhecimento sobre palavras, expressões e visões históricas deturpadas (ou não contadas pela historiografia oficial) sobre o povo negro é essencial para uma intervenção pedagógica positiva no ambiente escolar, diante das questões raciais.

Neste segmento, esta produção editorial tem como proposta apresentar e comentar algumas destas palavras, expressões e alguns conceitos que são utilizados amplamente.

Certamente, uma abordagem bem simples, essencial, mas que poderá apontar caminhos para um melhor entendimento e levar a uma busca de ampliação e aprofundamento maior sobre as questões raciais.

A palavra é...

Étnico... ?

Democracia Racial... ?

Etnocentrismo... ?

Até há bem pouco tempo, palavras como as citadas acima e muitas outras ligadas ao recente discurso sobre diversidade, pluralidade e convivência com as diferenças não faziam parte do vocabulário diário da população brasileira. Explicitar e conhecer o significado de algumas dessas palavras e expressões torna-se essencial para melhor compreender as questões a elas ligadas. Este glossário, então, foi escolhido para ser o ponto inicial de nossas reflexões, no sentido de contribuir para a desconstrução, a ressignificação e a reconstrução das noções preconceituosas até então existentes.

Glossário

Ações Afirmativas

Políticas públicas compensatórias, voltadas para reverter as tendências históricas que conferiram a grupos sociais uma posição de desvantagem, particularmente nas áreas da educação e do trabalho. No Brasil, nos últimos anos, muito se tem discutido a implantação de ações para proporcionar à população afro-brasileira (secularmente discriminada) uma inserção efetiva em espaços como as universidades e setores do mercado de trabalho.

Afro-brasileiro

Adjetivo usado para referir-se à parcela significativa da população brasileira com ascendência parcial ou totalmente africana. O termo tem patrocinado uma calorosa discussão sobre quem representa, efetivamente, esse segmento populacional no Brasil. Principalmente depois dos posicionamentos oficiais em relação à reserva de vagas, pelo sistema de cotas, para negros na universidade.

Antirracismo

Termo que designa um movimento de rejeição consciente ao racismo e suas manifestações.

Etnocentrismo

Visão de mundo que considera o grupo a que o indivíduo pertence o centro de tudo. Elegendo-o como o mais correto e como padrão cultural a ser seguido por todos, considera os outros, de alguma forma diferentes, como inferiores.

Ideologia do branqueamento

Conjunto de ideias que defendiam a miscigenação, com o objetivo de, por intermédio dos casamentos inter-raciais, transformar o Brasil em um País branco e, consequentemente, promover um processo de extinção da raça negra. Esta ideologia teve grande aceitação pelas elites brasileiras, de 1870 a 1930. Transformar o Brasil, que era negro e mestiço, em um País branco foi um projeto implementado seriamente pelos cientistas e políticos daquela época.

Identidade Étnica

Conjunto de caracteres próprios e exclusivos de uma pessoa que a faz reconhecer-se pertencente a um determinado povo, ao qual se liga por traços comuns de semelhança física, cultural e histórica.
A identidade étnica assumida positivamente é fundamental para a autoestima do negro e constitui também uma estratégia necessária ao fortalecimento de seu grupo, na luta contra as injustiças sociais.

Movimento Negro

Organizações sociais da população afro-brasileira, no sentido de lutar pelo fim do racismo, do preconceito e das discriminações raciais, procurando assegurar conquistas sociais, defender os direitos e promover a valorização do negro e de sua cultura.

Mulato

É uma palavra portuguesa que significa jovem mula. Foi usado nas Índias Ocidentais e nos Estados Unidos para se referir a crianças de herança racial mista.
É um termo desumanizante, pejorativo, de cunho discriminatório, mas muito usado no Brasil, sem reprovação social.

Multirracial

É um termo abrangente, sugerindo pluralidade de heranças por várias gerações. "Na realidade brasileira, podem ser encontrados indivíduos negros, brancos, asiáticos, indígenas. A maior parte da população, sem a menor dúvida, resulta de mestiçagens várias de todos os grupos entre si, em maior ou menor grau."

Negritude

Postura de reverência aos antigos valores e modos de pensar africanos, conferindo sentimentos de orgulho e dignidade aos seus herdeiros. É, portanto, uma conscientização e desenvolvimento de valores africanos. A exaltação da negritude tem sido uma das propostas escolhidas pelos movimentos negros brasileiros para a elevação da consciência da comunidade, a fim de fortalecer a luta contra o racismo e suas mais diversas manifestações.

Negro

Termo que, de acordo com a significação dada pelos dicionários, significa de cor escura, muito escuro; que pertence à raça negra.
De acordo com a realidade brasileira, o termo negro é um conceito político. Ser negro é identificar-se e reconhecer-se como tal.

Preconceito Racial

Conjunto de valores e crenças esteriotipadas que levam um indivíduo ou um grupo a alimentar opiniões negativas a respeito de outro, com base em informações incorretas, incompletas ou por ideias preconcebidas.
É a forma mais comum, a mais frequente de expressão de racismo.

Racismo

Estrutura de poder baseada na ideologia da existência de raças superiores ou inferiores. Pode evidenciar-se na forma legal, institucional e também por meio de mecanismos e de práticas sociais. No Brasil, não existem leis segregacionistas, nem conflitos públicos de violência racial; todavia, encoberto pelo mito da democracia racial, o racismo promove a exclusão sistemática dos negros da educação e cultura, do mercado de trabalho e dos meios de comunicação.

Resistência Negra

Diversas atitudes e manifestações de rebeldia do povo negro ante a violência do escravismo. Fugas, suicídios, escravismos, insurreições, organização de quilombos e preservação de sua cultura de origem foram formas de resistir e lutar. O povo negro nunca foi resignado. Sempre resistiu à situação de escravizado.
As variadas organizações negras que surgem por todo o território brasileiro são as mais expressivas manifestações de resistência do povo negro na atualidade. Intelectuais e trabalhadores, pesquisadores e sindicalistas, grupos culturais, religiosos e sacerdotes do candomblé, jovens da periferia e universitários e a força das mulheres negras espalhadas por todos estes movimentos impulsionam à luta antirracismo. A exemplo dos ancestrais escravizados, negros brasileiros vêm tecendo uma história de preservação da dignidade de seu povo.

ISTO É PRECONCEITO, VOCÊ SABIA?

Colocar apelidos nas pessoas negras, como Pelé, Mussum, tição, café, chocolate, buiu, branca de neve. Os apelidos pejorativos são uma forma perversa de desumanizar e desqualificar seres humanos.

Dizer que brasileiro tem sangue "fraco', porque a maioria do povo é mestiça.

Colocar anúncio de emprego exigindo "boa aparência" como requisito profissional, uma vez que tais anúncios, muitas vezes, mascaram a discriminação vivenciada pelos negros no mercado de trabalho.

Fazer comparação, usando a cor branca como símbolo do que é limpo, bom, puro e, em contrapartida, usar a cor preta representando o que é sujo, feio, ruim.

Elogiar negros, dizendo que são de "alma branca".

Fazer piada de mau gosto, usando o termo "coisa de preto" ou "serviço de preto".

Negar a ascendência negra do mulato, dizendo que ele não é "totalmente" negro, que é de raça apurada, ou usar as expressões "limpar o sangue" e "melhorar a raça", ao se referir à miscigenação.

Querer agradar a negros dizendo que é negro, "mas" é bonito, ou que, "apesar" do "cabelo ruim", é inteligente.

Substituir a palavra negro, ao invés de usá-la naturalmente, evidencia os preconceitos construídos sobre essa raça.
Evitar usá-la demonstra a dificuldade em lidar com a palavra negro que, preconceituosamente, associa-se a tudo que é negativo.

Usar eufemismo como "moreninho", "escurinho", "pessoas de cor", evitando a palavra negro ao se referir a pessoas negras.

ISTO TAMBÉM É PRECONCEITO!

Segundo Jaime Pinsky, escritor e professor titular do Departamento de História da Unicamp, muitos preconceitos, ainda enfrentados pelas pessoas de raça negra no Brasil, começaram na época da escravidão. Na verdade, são mitos pouco combatidos e, por isso, considerados como verdadeiros por várias pessoas.

Conhecer... Refletir... Reformular...

O negro "veio" para o Brasil...

O negro escravo não veio para o Brasil por sua própria vontade. Ele foi "caçado" em suas terras onde vivia livremente, e "trazido" para o Brasil como mão de obra barata e resistente.

O negro escravo era indolente, preguiçoso...

Trabalhava dezoito horas por dia (parava para refeições rápidas e insuficientes) para dar lucro ao senhor, sem receber salário ou compensação alguma por seu trabalho. Ao contrário, diminuir o ritmo de trabalho era uma forma de sobrevivência e de resistência ao sistema.

O negro escravo brasileiro era bem tratado...

Esta ideia se propagou em função de acreditar que os escravos ganhavam boa comida, teto e roupas. A alimentação era de péssima qualidade. Os negros das plantações recebiam um tipo de ração, uma só vez ao dia. Todos dormiam amontoados nas senzalas e suas roupas eram farrapos mal costurados.

O negro era passivo em sua posição de escravo...

As rebeliões, assassinatos de senhores e de feitores, rituais religiosos, fugas e até suicídios individuais e coletivos, como forma de escapar à escravidão, comprovam que tal passividade não era verdadeira.

O professor Jaime Pinsky nos convida a prestar atenção acentuada nas ideias que circulam atualmente em relação ao negro; muitas delas se formaram na época da escravidão e, hoje, são preconceitos impregnados na sociedade brasileira. É hora de pensar e discutir de forma ampla estas questões.

ESCLARECENDO DÚVIDAS

Estas são ideias falsas, muito fortes, que ainda circulam no Brasil.
São noções cristalizadas no modo de pensar das pessoas.

Refletir para Reformular...

"Não há racismo no Brasil, mas sim discriminação contra os pobres. A discriminação é de classe e não de raça."

Existem, no Brasil, estas duas formas de discriminação: a de classe e a de raça. Assim, os negros são duplamente discriminados, porque são pobres e porque são negros. Por este pertencimento racial, o indivíduo é impedido de muitas oportunidades de ascensão na sociedade.
A exclusão social da população negra foi fruto de uma estratégia política empreendida pela elite racista, bem antes da abolição da escravatura. Portanto, os negros tornaram-se majoritariamente pobres porque são negros"!

"Piadas sobre negros são só brincadeiras que não devem ser levadas a sério. Há piadas de portugueses, de japoneses, de judeus..."

Estas piadas representam os estereótipos construídos sobre o negro na sociedade brasileira. Não podemos dizer que elas são neutras ou "só brincadeiras"; elas são as provas mais eficientes de que existe racismo no Brasil. Na verdade, todas essas piadinhas denunciam alguma forma de preconceito, que cedo ou tarde acaba emergindo, acompanhada de atitudes discriminatórias.

"No Brasil, o próprio negro é racista. Muitas vezes discrimina outro negro"

A socialização do negro se efetiva em um ambiente conflituoso e adverso, por causa da ideologia de inferioridade atribuída a ele. Essa ideologia faz com que, muitas vezes, também o negro seja levado a construir uma imagem negativa de si, introjetando e reproduzindo os estereótipos e preconceitos que a sociedade racista lhe impõe. As pressões sofridas por esse segmento dificultam a construção de sua autoestima e a assunção positiva de suas raízes étnicas, o que o faz, da mesma forma procurar alcançar o ideal preconizado por toda a sociedade: o branqueamento.

"Não existe racismo no Brasil. Veja o Pelé, o Milton Nascimento, o Gilberto Gil..."

É um equívoco afirmar a inexistência de racismo no Brasil pelo destaque de alguns negros no esporte e na música. Não podemos esquecer que eles representam as exceções. A maioria do povo negro ainda se encontra em situação de exclusão e de opressão; seu insucesso deve ser creditado a essa condição, confirmada através das estatísticas que comprovam o racismo em nossa sociedade.

"Movimento Negro é segregacionismo, racismo às avessas; participar disto é ratificar o preconceito, é evidenciar as diferenças raciais..."

O Movimento Negro é um dos movimentos sociais brasileiros. São espaços organizacionais em que os negros se unem para conhecer mais sobre sua cultura, refletir sobre sua situação de exclusão e criar estratégias de combate ao racismo. Assim a população negra se fortalece individualmente, resgatando sua autoestima, e coletivamente, para a luta pela cidadania plena. O combate ao racismo na sociedade brasileira é dever de todos e não se constitui uma ação para incitar conflitos raciais. O racismo existe e é legítimo os negros se organizarem, juntamente com todos que desejam seu fim. O que não se deve é deixar de combatê-lo, fingindo que nada acontece, e perpetuar uma situação vergonhosa de desigualdade e de injustiça racial.

PÉROLAS NEGRAS

A educação tem sido um dos focos principais de reflexão, debates e produções teóricas que o Movimento Negro contemporâneo tem implementado em sua luta pelos direitos sociais. Muitos trabalhos sérios vêm sendo produzidos sobre o assunto, não só desvelando o interior da escola e mostrando como ela tem interagido em seu fazer cotidiano com a população negra, mas também apresentando propostas e caminhos que poderão ser percorridos. Apresento, agora, algumas "Pérolas Negras", para que você, professor, possa refletir e buscar ainda mais informações. Certamente, isso contribuirá para o aprimoramento de sua prática diária, abrindo caminhos para um trabalho mais efetivo, sistemático e competente na superação do racismo no espaço escolar.

"A pluralidade faz surgir um país feito a muitas mãos, onde todos juntos, vindos de tradições diversas, com distintas formas de arrumar o mundo com inúmeras concepções do belo, conseguem criar uma comunidade plena de consciência da importância da participação de cada um na construção do bem comum. Todos podem ser diferentes, mas são absolutamente necessários."

Helena Theodoro

"Precisamos entender que a criança negra não é 'moreninha', 'marronzinha', nem 'pretinha'. Quando a criança reclama que não quer ser negra, ela está nos dizendo que não quer o tratamento costumeiramente dado às pessoas pertencentes a esse grupo racial. O que ela não quer é ser ironizada, receber apelidos, ser excluída das brincadeiras... Assim, melhor do que chamá-la de 'moreninha', para disfarçar a sua negritude, é cuidar para que ela receba atenção, carinho e estímulo para poder elaborar sua identidade racial de modo positivo."

Eliane Cavalheiro

"Ninguém nasce odiando outra pessoa pela cor de sua pele, ou por sua origem, ou sua religião. Para odiar, as pessoas precisam aprender, e se elas podem aprender a odiar, podem ser ensinadas a amar, pois o amor chega mais naturalmente ao coração humano do que o oposto. A bondade humana é uma chama que pode ser oculta, jamais extinta."

Nelson Mandela

"O indígena e o africano são 'celebrados' nos 'programas educativos' em um calendário de festividades e comemorações anuais, mas não são incorporados no cotidiano da escola, como portadores de cultura e de civilização milenares."

Maria de Lourdes Siqueira

"[...] Não estou tentando dividir. Ao contrário, a luta contra o racismo é uma forma de unir as pessoas. O racismo não é problema dos negros, o racismo afeta toda a nossa sociedade. A luta contra o racismo não é uma luta contra os brancos. É uma luta para a construção de uma sociedade onde várias culturas possam viver em harmonia."

Benedita da Silva

"Criar condições para que os docentes cheguem a relacionar trabalho didático e ação social, isto é, em favor de afirmação e emancipação das identidades de todos os cidadãos, é um imperativo ético do processo pedagógico. Mais do que entender as realidades do racismo, da pobreza, os professores precisam encontrar um lugar para si na luta por uma sociedade justa."

Luiz Alberto O. Gonçalves e Petronilha Beatriz G. e Silva

GRANDES PERSONALIDADES NEGRAS

Atualmente, faz parte das reivindicações dos movimentos sociais negros, em sua luta contra o racismo, o desvelamento da verdadeira história do povo negro neste país. Tirar do anonimato fatos históricos e figuras ilustres, que se destacaram brilhantemente como líderes nas lutas em favor do povo negro, é uma bela tarefa a ser empreendida...

O recontar da história, não vista pelo lado opressor, mas sim pelo lado do oprimido, do marginalizado, fará emergir grandes personagens de nossa história. Estes, por lutarem a favor dos despossuídos do poder, entraram em desacordo com os interesses dos ricos e poderosos. Portanto, foram apagados da historiografia oficial, mas a história pulsa...

... e quem garante que a história é uma carroça abandonada numa beira de estrada ou num estação inglória?

A história é um carro alegre, cheio de um povo contente que atropela indiferente todo aquele que a negue!

(Chico Buarque - Pablo Milanês)

Abdias do Nascimento
Figura marcante da intelectualidade negra brasileira

Abdias do Nascimento, filho de José Ferreira Nascimento e de Georgina Ferreira do Nascimento, nascido em 14 de março de 1914, natural de São Paulo, é hoje uma das expressões máximas da intelectualidade negra de nosso País.

Professor benemérito da Universidade do Estado de Nova Iorque em Búfalo, e doutor "Honoris Causa" pelo Estado do Rio de Janeiro, é autor de vários livros que tratam da temática afro-brasileira como: **Sortilégio, Dramas para Negros e Prólogo para brancos, O Negro Revoltado, O Genocídio do Negro Brasileiro, Sitiado em Lagos, Orixás - Os Deuses Vivos da África, Thothi,** entre outros.

Foi o fundador do Teatro Experimental do Negro (TEN), em 1944, movimento cultural de fundamental importância, pois contribuiu de forma decisiva para o acesso de negros à representação teatral, além de estimular a participação política dos negros.

Abdias do Nascimento é, hoje, uma figura marcante na intelectualidade negra brasileira. Tornou-se Deputado Federal em 1983 e Senador da República em 1997, depois de ter assumido a Secretaria de Defesa da Promoção das Populações Afro-brasileiras. Seu nome projeta-se nas esferas nacionais e internacionais, tornando-se reconhecidamente o embaixador da negritude brasileira.

Aleijadinho
Talento e Genialidade Negra no Século XVIII

"Mulato, baixo, gordo e cabeçudo, a testa muito larga, os lábios muito grossos, as orelhas muito grandes e o pescoço muito curto, meio escondido nas roupas, chapelão branco, capotão comprido[...]"

Assim começa a descrição feita pela Coleção **Grandes Personalidades de Nossa História** sobre Antônio Francisco Lisboa, artista, escultor, entalhador, santeiro e arquiteto.

Aleijadinho, como ficou conhecido nas Minas Gerais do século XVIII, nasceu no dia 29 de agosto de 1730. Filho bastardo de Manuel Francisco Lisboa, português, e de uma escrava de nome Isabel. Quando menino, já ajudava o pai no ofício de entalhador.

Em 1968, o poder público nacional, para melhor preservar a sua obra, inaugurou um museu que leva o nome de Aleijadinho, junto da Igreja Matriz de Antônio Dias, na cidade de Ouro Preto.

Este negro deixou vasta obra que realça seu talento. Encontra-se distribuídas por vilas e cidades como Ouro Preto, Sabará, São João Del Rei, Mariana, Caeté, Barão de Cocais, Tiradentes e Congonhas. Tornou-se o artista negro mais conhecido e disputado como grande entalhador. É hoje considerado como o maior artista brasileiro do século XVIII, mas foi praticamente ignorado no Brasil acadêmico, do século XIX até o início deste. Morreu em 18 de novembro de 1814.

(**Grandes Personalidades de Nossa História**. São Paulo: Abril Cultural, 1972, v.1.)

André Rebouças
Construtor do Porto da Cidade do Rio de Janeiro

André Pinto Rebouças nasceu na Bahia em 1838. Foi um dos mais ativos militantes negros do movimento abolicionista. Formou-se em engenharia em 1860. Participou da guerra do Paraguai e tornou-se um oficial conceituado. Mas adoece, primeiro com um ataque de pneumonia e depois varíola. Retirou-se, então, da batalha, regressando ao Rio de Janeiro.

Participou da construção do Porto da cidade do Rio de Janeiro e de outros portos do país, assim como esteve à frente de projetos de obras ferroviárias e de abastecimento de água. Construiu as primeiras docas no Rio de Janeiro, no Maranhão, na Paraíba, em Pernambuco e na Bahia.

Como abolicionista, fundou, juntamente com Joaquim Nabuco, o "Centro Abolicionista da Escola Politécnica", do qual era um dos professores. Como jornalista, escreveu inúmeros artigos sobre a problemática da questão do regime escravo.

Com a proclamação da República, André Rebouças exilou-se do Brasil. Viveu seis anos na África. Faleceu em 1898, com 60 anos de idade, em Fendral (Ilha da Madeira).

Foi, portanto, um engenheiro, escritor e abolicionista que se notabilizou pelos excelentes serviços prestados à pátria.

Chica da Silva
A Rainha Negra do Tijuco

Chica da Silva se popularizou em Minas Gerais, no Arraial do Tijuco, onde se situa a cidade de Diamantina. Nascida provavelmente em 1726, chegou a comprar sua alforria e a de mais 100 escravos, tendo ainda recursos monetários e materiais para subvencionar a gloriosa ousadia da Inconfidência Mineira.

Chica da Silva era filha da união do Coronel Rolim e da escrava Maria da Costa. Aprendeu a ler e a escrever. Casou-se duas vezes, mas foi com o contratador de diamantes João Fernandes de Oliveira que se transformou em "Rainha Negra" no imaginário popular.

Chica da Silva era uma mulher de personalidade forte e marcante. Construiu salas de espetáculos para os talentos, letrados e sábios da época e do local em que viveu. Fundou uma escola de pintores de onde saíram vários mestres desta arte. Teve 12 filhos, dos quais alguns se tornaram padres, freiras e até desembargadores.

Chica da Silva exerceu uma enorme influência na vida política daquela época; incluiu-se, por força de sua atuação, no histórico ciclo do diamante como uma mulher notável de seu tempo. Ficou longe de ser uma leviana prostituta, como a história tradicional quer nos fazer crer.

(**Quem é Quem na Negritude Brasileira**. São Paulo: CNAB, 1998.)

Cruz e Souza

Poeta, pai do Simbolismo Brasileiro

Nasceu em 24 de novembro de 1862, na cidade do Desterro, atual Florianópolis. João da Cruz e Souza era filho de Guilherme da Cruz, escravo, mestre pedreiro, e de D. Carolina Eva da Conceição, alforriada, pessoas simples e de modesta condição social.

Cruz e Souza foi amparado em seus estudos por uma família de fidalgos, a qual lhe proporcionou instrução e esmerada educação.

Em sua vida, experimentou humilhação e sofrimento, como também compreensão e docilidade, mas persistentemente lutou pelos seus sonhos e ideais.

Seu percurso correspondeu a um retrato da tragédia dos descendentes de escravos no Brasil.

Cruz e Souza foi nomeado promotor público na cidade de Laguna, mas não pôde ocupar o cargo por ser negro. O poeta, pai do Simbolismo Brasileiro, foi sempre um guerreiro e lutou com devoto e perseverança para se impor perante a classe branca dominante.

Solidário com os irmãos da raça negra, contribuiu enormemente para a causa da libertação dos escravos, com suas conferências abolicionistas realizadas na Bahia e com seus escritos em jornais e poemas, como **Escravocrata, Na senzala, Grito de Guerra, Dor Negra** e **Consciência Tranquila.**

Casou-se, constituiu família e morreu em Sílio, Minas Gerais, no dia 17 de março de 1898.

(CRUZ E SOUZA, João de Souza. Poemas Broquéis. Eldorado. **Quem é Quem na Negritude Brasileira.** São Paulo, CNAB, 1998.)

Dandara

A guerreira

Foi uma mulher negra guerreira que lutou, ao lado de Ganga Zumba, no Quilombo de Palmares, contra o sistema escravocrata no século XVII, no Brasil.

Não há registro sobre o local de seu nascimento. Os relatos levam a entender que ela nasceu no Brasil e estabeleceu-se no Quilombo de Palmares, ainda menina.

Dandara se colocou ao lado de Zumbi contra Ganga Zumba, por este assinar o tratado de paz com o governo português. Sua posição levou outras lideranças palmarinas a ficarem ao lado de Zumbi.

Dandara foi morta em 1694 com outros palmarinos, quando da destruição da Cerca Real dos Macacos, em 6 de fevereiro.

João Cândido

"Salve o navegante negro
que tem por monumento
as pedras pisadas no Cais..."

João Cândido Felisberto era filho de João Cândido Velho e de D. Ignácia, ex-escravos que permaneceram na propriedade do "senhor" após a abolição. Nasceu em Rio Pardo, no interior do Rio Grande do Sul, no dia 24 de junho de 1880.

Entrou para a Marinha, como aprendiz de marinheiro, pelas mãos do Almirante Alexandrino de Alencar, que lhe deu especial atenção. Aos 14 anos, em 1894, apresentou-se na Escola de Aprendizes Marinheiros do Rio Grande do Sul. Em 1895, João Cândido foi destacado para o Rio de Janeiro e entrou efetivamente para a Marinha. Logo no início, João Cândido destacou-se dos demais por seu espírito de liderança.

Depois de muitas viagens por todo o Brasil, tornou-se instrutor de aprendizes marinheiros. Foi destacado para uma viagem à Europa, onde teve a oportunidade de, juntamente com seus companheiros, aprimorar seus conhecimentos e observar a diferença entre o tratamento dispensado aos marinheiros de outros países.

Cresceu, então, a politização dos marinheiros brasileiros e, liderados por João Cândido, iniciaram reuniões para discutir a situação nessa armada, que culminou com a "Revolta da Chibatada", em 22 de novembro de 1910, exigindo melhores soldos e condições de trabalho, assim como a abolição da chibata (castigo físico empregado na Marinha).

"João Cândido enfrentou o governo de cabeça erguida e arma em punho. Virou herói, mas sua vitória teve o gosto amargo da perseguição política." Foi preso, posteriormente internado no hospital dos alienados, e afastado definitivamente da Marinha. João Cândido morreu no dia 6 de dezembro de 1969, no Rio de Janeiro.

"João Cândido simbolizou a luta pela dignidade humana. O mestre-sala dos mares foi o divisor de águas na Marinha, graças a ele, a chibata nunca mais voltou a ser usada; o marinheiro marcou seu espaço na história deste país."

(GRANATO, Fernando. **O negro da Chibata**. Rio de Janeiro: Objetiva, 2000.)

Lélia Gonzáles

Inovadora das lutas afro-brasileiras

Lélia Gonzales foi uma das fundadoras, em 1978, do Movimento Negro Unificado contra a discriminação racial. Graduada em Filosofia e em Comunicação, era também doutorada em Antropologia Social. Livre pensadora, realizou e participou de inúmeras conferências, no Brasil e no Exterior, sobre as problemáticas do negro e, particularmente, da mulher negra de nosso país.

Nasceu em Minas Gerais. Era cafuza, filha de mãe índia e pai negro. Notabilizou-se por sua intensa atuação acadêmica e militância nas lutas contra o racismo, entre 1960 e 1994.

Foi uma das fundadoras, em 1970, do Instituto de Pesquisa das Culturas Negras. Além disso, atuou como membro efetivo do Conselho Nacional dos Direitos da Mulher e ajudou a fundar o Grupo Olodum.

Morreu em julho de 1994.

(**Quem é Quem na Negritude Brasileira**. São Paulo, CNAB, 1998.)

Luiza Mahin

*Mulher guerreira,
líder da Revolta dos Malês*

Segundo seu filho Luiz Gama, Luiza Mahin teria nascido livre na África. Dizia ter sido princesa na Costa Negra e pertencia à Nação Nagô-Jeje, da tribo Mahin. Veio para o Brasil na condição de escrava.

Era quitandeira e permaneceu pagã por haver recusado, terminantemente, a ser ungida com os "Santos Óleos" do batismo e seguir os preceitos da religião católica.

De temperamento rebelde e combativo, envolvia-se sempre em atividades em que a condição do negro, em sua época, era posta em questão.

Luiza Mahin foi uma das principais organizadoras da Revolta dos Malês, levante que se deu na noite de 24 para 25 de janeiro de 1835, liderado por escravos africanos de religião Muçulmana, conhecidos na Bahia como Malês.

Pela perseguição que sofreu após a atuação na Revolta dos Malês, partiu para a cidade do Rio de Janeiro, onde prosseguiu a luta pelos seus irmãos de raça.

Acabou sendo deportada para a África de onde nunca mais se teve notícias de Luiza.

Luiz Gama

Poeta, advogado, abolicionista

Luiz Gonzaga Pinto da Gama foi abolicionista, advogado e poeta. Nasceu no dia 21 de julho de 1830, no Estado da Bahia. Era filho de um fidalgo português, boêmio, e da valente e insubmissa negra Luiza Mahin.

Luiz Gama foi vendido aos 10 anos para um traficante de escravos pelo próprio pai, para pagar dívidas de jogo.

Em 1848, já não era mais escravo, conseguindo fugir de seu último senhor, uma vez que sempre carregava consigo os documentos comprobatórios de sua condição de negro liberto.

Formou-se em Direito e foi um ardoroso abolicionista. Com talento, coragem e obstinação, libertou mais de quinhentos escravos. Abolicionista dos mais eloquentes, ajudou a fundar a "Ordem dos Caifazes" em São Paulo, que desempenhou importante papel na constituição do Quilombo Jabaquara.

É de autoria de Luiz Gama a célebre frase: "Aquele negro que mata alguém que deseja mantê-lo escravo, seja em qualquer circunstância for, mata em legítima defesa"!

Morreu em 24 de agosto de 1882.

(SEE de São Paulo. Salve 13 de maio. **Quem é Quem na Negritude Brasileira.** São Paulo: CNAB, 1998, v.1.)

Mário de Andrade

Poeta, crítico, romancista, historiador e amigo da arte

Mário Raul de Morais Andrade era natural de São Paulo. Nasceu a 9 de outubro de 1893, diplomou-se pelo Conservatório Dramático e Musical de São Paulo, tornando-se, posteriormente, professor e catedrático dessa mesma Escola, onde lecionou História da Música e Estética Musical. Em 1917, publicou seu livro de versos. Tornou-se o primeiro diretor de Departamento de Cultura de São Paulo.

Mário de Andrade foi um dos fundadores do Partido Democrático e membro integrado da Comissão Reformadora da Escola Nacional de Música do Ministério da Educação.

Com sua obra poética **Paulicéia Desvairada**, de 1922, foi o grande líder do movimento modernista que teve como ápice a Semana de Arte Moderna realizada em São Paulo, em 1922, no Teatro Municipal.

Mário de Andrade era mesmo um polivalente, em se tratando de criar, organizar, produzir e incentivar a cultura. Obras de Mário de Andrade: **Macunaíma** (1928), herói sem caráter do romance que revolucionou a linguagem literária e abriu novos caminhos para a ficção; **A Escrava que não era Isaura** (1925); **Lira Paulistana** (publicação póstuma em 1946) são alguns trabalhos literários do autor. Mário de Andrade, depois de fincar o seu nome na história e na literatura de nosso país, veio a falecer de infarto no dia 25 de fevereiro de 1945.

(**Grandes Personalidades de Nossa História.** São Paulo. Abril Cultural, 1972, v.1.)

Mestre Bimba

O Pai da Capoeira Regional

Manuel dos Reis Machado – Mestre Bimba – nasceu no dia 23 de novembro de 1899, em Salvador, na Bahia. Iniciou-se na Capoeira aos 12 anos, como aluno do mestre africano Bentinho. É considerado o Pai da Capoeira Regional. Foi o primeiro mestre com curso reconhecido no país, pela Secretaria de Educação, Saúde e Assistência Pública, em 1932.

Mestre Bimba era um homem muito inteligente. Apesar de seus poucos estudos, criou um método de ensino de capoeira, baseado em 14 grupos de movimentos. Além disso conseguiu reverter a situação de clandestinidade em que vivia a capoeira, na época considerada crime previsto no Código Penal da República.

Fundou o "Centro de Cultura Física e Luta Regional" e estabeleceu um código de ética rígido que exigia até higiene. Oficializou o uso do uniforme branco e interferia até na vida privada de seus alunos. Para treinar capoeira com Mestre Bimba, era preciso provar que estava trabalhando ou mostrar o boletim do colégio.

Em 1973, descontente com o descaso das autoridades, mudou-se para Goiânia, vindo a falecer em novembro de 1974.

Até os dias de hoje, a escola de Bimba é mantida, mas infelizmente em processo de descaracterização.

(**Quem é Quem na Negritude Brasileira**. São Paulo: CNAB, 1998, v. 1.)

Mestre Didi

Deoscóredes Maximiliano dos Santos, Mestre Didi, é natural do Estado da Bahia, Salvador. Filho de Bebiana do Espírito Santo e Arsênio dos Santos, nasceu no dia 2 de dezembro de 1917. É casado com a antropóloga Joana Elbein dos Santos.

Mestre Didi, artista plástico e escritor, executa objetos rituais desde a infância e a adolescência. Quando pequeno, aprendeu também, com os mais antigos, a compreender, manipular materiais e formas, objetos e emblemas que representam as entidades sagradas do culto dos orixás.

Extrai, de sua experiência mística, os significantes simbólicos para transformá-los em arte.

Mestre Didi soube vencer as barreiras do preconceito e da discriminação, com sua obra independente e original. Desta forma, destaca-se como um expoente da arte de vanguarda.

(LBV. Fôlder da Exposição Mestre Didi Esculturas LBV. 1996. **Quem é Quem na Negritude Brasileira**. São Paulo: CNAB, 1998, v. 1.)

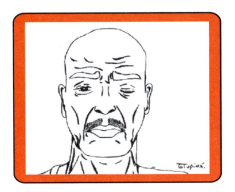

Mestre Pastinha

O Angoleiro mais Célebre

Vicente Ferreira Pastinha – Mestre Pastinha – foi o mais célebre representante da capoeira Angola e brigou muito para ver reconhecido o valor da capoeira no Brasil. Começou a praticar capoeira aos 8 anos de idade, com um africano de nome Benedito.

Mestre Pastinha nasceu no dia 5 de abril de 1889, em Salvador. Era filho de um espanhol chamado José Sinó Pastinha e de D. Maria Eugênia, uma negra natural de Santo Amaro da Purificação. Viveu uma infância modesta e feliz e, aos 13 anos, era o moleque mais respeitado e temido do bairro. Foi marinheiro e, posteriormente, exerceu o ofício de pintor. Treinava capoeira nas horas vagas e às escondidas, pois sua prática era crime previsto por lei. Só pôde fundar o Centro Esportivo Angola em fevereiro do ano de 1941, depois da promulgação do decreto que discriminalizou a capoeira. Disciplina e organização eram regras básicas em sua escola. Os alunos jogavam vestindo sempre uniformes amarelo e preto. Criou um código de ética da capoeira que condenava a violência. Mestre Pastinha representou o Brasil no I Festival de Arte Negra, no Senegal.

Morreu na miséria, doente, cego, paralítico aos 92 anos, em Salvador, no ano de 1981. Graças também a seu trabalho, a capoeira, **símbolo da cultura popular brasileira,** é reconhecida como esporte nacional e ganhou adeptos em 48 países.

(Quem é Quem na Negritude Brasileira. São Paulo: CNAB, 1998, v.1.)
REVISTA SUPER INTERESSANTE. Capoeira O jeito brasileiro de ir à luta. São Paulo: Abril, maio 1996.)

Professor Milton Santos

Geógrafo de renome internacional

Milton de Almeida Santos foi um dos mais famosos intelectuais negros brasileiros. Nasceu em 1926, na cidade de Macaúba, Estado da Bahia. Bacharel em Direito, sua notoriedade vem dos longos anos de estudo dedicados ao conhecimento dos problemas urbanos que afetam as nações subdesenvolvidas nos dias atuais, sendo, por isso, respeitado mundialmente.

Milton Santos era um dos expoentes mais bem conceituados do movimento de renovação crítica da geografia. Lecionou em várias cidades do mundo. Professor emérito da Universidade de São Paulo, em 1994 ganhou o Prêmio Internacional de Geografia Vautrin Lud, considerado o "Nobel" da área.

Foi secretário de Estado do Planejamento e subchefe da Casa Civil do Governo Jânio Quadros. Sofreu perseguições políticas e exilou-se na França, onde pôde doutorar-se em Geografia.

Lecionou em várias cidades do mundo. Autor de diversos trabalhos e livros acadêmicos, como **Pobreza Urbana, Ensaios sobre a Urbanização Latino-Americana, Pensando o Espaço do Homem, A Urbanização Brasileira, Arte e Vida Urbana, A Carta de Atenas, o Espaço Dividido** e outros. Suas obras são editadas em diversos países.

Morreu em São Paulo, vítima de Câncer, em 24/06/02.

(Quem é Quem na Negritude Brasileira. São Paulo: CNAB, 1998, v.1.)

Rainha Nzinga

Mulher enigmática, rainha carismática,
estadista e diplomata

Nzinga Mbandi Ngola Kiluanje, a Rainha Ginga, nasceu em N'dongo, Angola, África Ocidental. Assumiu o trono do Ndongo e passou a lutar pela libertação de seu povo.

Nzinga possuía a rica personalidade de uma mulher enigmática e rainha carismática, estadista e diplomata, comandante hábil que travou uma luta, sem quartel, contra portugueses pela independência de sua gente e pela sobrevivência de seu reino. Nzinga participava dos combates e era também muito respeitada por possuir poderes ligados a forças cósmicas.

A Rainha Ginga utilizava a força e meios estratégicos para estabelecer alianças com outros reinos, por intermédio de intensa atividade diplomática. Extraordinária e também lendária líder, com sua força de vontade e capacidade organizadora, é um símbolo inspirador para os povos que ainda lutam para definir-se nacionalmente e implantar-se como Estados independentes. Exemplo para todas as mulheres negras, Nzinga conseguiu libertar escravos, distribuir terras, ampliar alianças com outros chefes e consolidar a unidade do Ndongo.

A Rainha Nzinga morreu em 1663.

(MUSSA, Alberto. O trono da Rainha Ginga. **Eparrei.** Casa da Cultura Mulher Negra. Santos, SP: EGB Gráfica e Editora, 1º sem. 2002. THEODORO, Helena. Mulher Negra, Luta e Fé. Ibidem.)

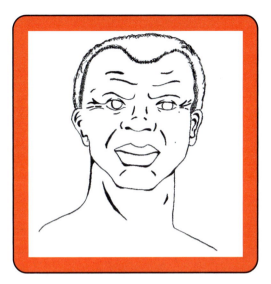

Zumbi

O Herói da resistência

Zumbi, neto de Aqualtune, princesa descendente de nobre linhagem africana, nasceu em Palmares, em 1655. Em uma das expedições contra Palmares, foi raptado, levado à cidade vizinha de Porto Calvo e entregue ao Padre Melo, que o batizou com o nome de Francisco.

Aos 15 anos, fugiu e voltou para Palmares. Muito jovem ainda, ele se tornou chefe de uma das povoações desse Quilombo. Por sua bravura, inteligência, pelo corpo vigoroso e vontade de ferro, em pouco tempo tornou-se chefe das forças armadas de Palmares.

Durante anos, Zumbi e seu povo resistiram a várias expedições que atacaram o quilombo. Depois de sucessivas investidas, Palmares foi destruído e Zumbi morto dois anos depois, no dia 20 de novembro de 1695. Traído por Antônio Soares, que denunciou seu esconderijo e o esfaqueou, Zumbi lutou até o fim. Foi castrado e sua cabeça dependurada e exposta em local público do Recife.

Hoje, Zumbi dos Palmares é o principal símbolo da resistência contra todas as formas de opressão que ainda castigam o povo negro do Brasil. Zumbi, na liderança de Palmares, representou um permanente desafio e incentivo às lutas contra o perverso sistema colonial.

No ano de 1995, comemorou-se o tricentenário da imortalidade de Zumbi, um momento importante para o resgate da história de resistência do povo negro, que ficou esquecida pela historiografia oficial. Especialmente nesse ano, a figura de Zumbi ressurgiu forte como exemplo que inspira para a construção de uma nação onde todos possam viver com dignidade. Portanto, Zumbi não é hoje apenas um símbolo para o povo negro, mas um líder da pátria, de significação nacional.

(SECRETARIA ESTADUAL DE MINAS GERAIS. Zumbi dos Palmares vai às escolas - Roteiro para o professor. **Grandes personagens da nossa história**. São Paulo: Abril Cultural, 1972.).

DADOS SIGNIFICATIVOS PARA A COMUNIDADE NEGRA

CALENDÁRIO NEGRO

A verdadeira história do papel desempenhado pelo povo negro na formação da sociedade brasileira, suas lutas e resistências, foi um assunto que a história oficial esqueceu. O resgate dessa trajetória, colocando em evidência fatos, ações e personagens desse capítulo não escrito, é fundamental para toda a sociedade brasileira que deseja constituir-se democrática.
Professor, o "Calendário Negro" vai enriquecer um pouco mais seus conhecimentos sobre fatos, curiosidades e datas importantes, referentes à população negra e à sua cultura!

JANEIRO

Datas importantes:

1/1 - Dia de Oxalá, orixá que representa o Deus da Criação, de acordo com o Candomblé, religião de origem africana.
5/1/1966 - Realização do Primeiro Festival de Arte e Cultura Negra - Dacar, África.
9/1/1966 - Realização do Primeiro Festival de Arte e Cultura Negra - Dacar, África.
12/1/1840 - Nascimento do primeiro bispo negro do Brasil, Dom Silvério Pimenta.
25/1/1835 - Revolução Urbana dos Malês (maior rebelião de escravos de religião muçulmana, ocorrida na Bahia, em 1835).
31/1 - Realização do Fórum Social Mundial 2002 - Porto Alegre, Brasil.
9/1 - Lei 10.639 - História e Cultura, Brasil 2003.

Revolução dos Malês

Importante ato de rebeldia negra ocorrido na cidade de Salvador, Bahia, a revolução ficou conhecida como "levante dos Malês", porque seus líderes eram muçulmanos. Malê, em iorubá, quer dizer muçulmano.

Muitos negros lutaram bravamente, enfrentando as forças militares do governo da Bahia. Os rebeldes chegavam a dominar os postos policiais e as entradas da capital baiana.

Esse episódio foi uma dramática experiência vivida pelos africanos no Brasil. Depois de denunciados, a rebelião foi sufocada, sendo, portanto, derrotados.

Você sabia que...

✭ Somente em 1960 é que as congregações religiosas e ordens diocesanas, com medo da Lei Afonso Arinos, iniciaram a reformulação das suas normas internas, que proibiam a admissão de jovens negros e negras?

✭ Dom Silvério Gomes Pimenta, mineiro de Congonhas do Campo, humilde e teimoso, a despeito de todos os obstáculos, enfrentou, na época, inclusive o preconceito de cor, ordenando-se sacerdote aos 22 anos?

✭ O Fórum Social Mundial é um encontro internacional de organizações e movimentos sociais, realizado pela primeira vez em 2001, paralelamente ao Fórum Econômico Mundial, e propõe que a economia esteja a serviço do ser humano e não o inverso, com uma efetiva participação da comunidade negra?

Saiba mais ...

A igreja e a escravidão

"No geral, os padres justificavam ideologicamente a escravidão negra. A maioria ficou insensível ao sofrimento do escravo. Além de fornecer argumentos ideológicos, a igreja adotou medidas e práticas que facilitaram o tráfico, abonando leis, recebendo privilégios, tornando-se ela própria traficante de escravos."

(CHIAVENATO, 1999, p. 40)

FEVEREIRO

Datas importantes:

2/2 - Dia de Iemanjá (divindade do Candomblé, venerada como a mãe dos orixás, dos seres humanos e dos peixes).

11/2/1990 - Libertação do líder negro Nelson Mandela.

17/2/1988 - Abertura oficial da Campanha da Fraternidade com o tema *Ouvi o Clamor deste Povo.*

20/2/1974 - Morte do poeta negro brasileiro Solano Trindade.

21/2/1965 - Assassinato de Malcolm X, nos EUA.

26/2/1885 - Divisão do Continente Africano feita pelas potências europeias, repartindo-o entre si.

"Campanha da Fraternidade"

No ano de 1988, a Igreja Católica sai do silêncio em relação às questões raciais brasileiras. Numa atitude de humildade, atende às solicitações de centenas de grupos religiosos negros de base e aprova o tema: "A fraternidade e o negro".

A Igreja do Brasil se posiciona diante dos negros, numa atitude de pedir perdão pelo pecado histórico de convivência com o sistema de escravidão. Naquela época, apesar de possuir imponente poder, não usou dele para amparar e defender o povo negro. Ao contrário, no geral, favoreceu o sistema e as classes dominantes, justificando ideologicamente a escravidão.

A campanha foi fruto de muita luta; uma conquista das bases, dos agentes da Pastoral do Negro, que articularam e conseguiram que a Conferência Nacional dos Bispos do Brasil (CNBB) assumisse o desafio.

Foi lançada também a cartilha: "Ouvi o clamor desse povo... Negro", a qual, por intermédio de seus textos, recontava a história de resistência negra e conclamava toda a sociedade brasileira a fazer uma séria reflexão sobre a missão de ajudar a superar a discriminação, o preconceito e o racismo tão presentes em nosso País.

Você sabia que...

✵ O líder negro Nelson Mandela ficou preso durante vinte e oito anos, por lutar contra o Apartheid na África do Sul, e que, libertado em 1990, ganhou o Prêmio Nobel da Paz e foi eleito presidente em 1994?

✵ A conferência de Berlim dividiu o Continente Africano entre as potências europeias, sobretudo a Alemanha, a França e a Grã-Bretanha? (No começo do século XX, toda a África estava em mãos europeias.

✵ Malcolm X foi um proeminente representante do nacionalismo negro nos Estados Unidos, nas décadas de 50 e 60, do século XX, e que, assassinado aos 40 anos, tinha ideias radicais de luta contra o racismo?

Saiba mais ...

Muitos ignoram que a África conheceu momentos esplendorosos de desenvolvimento histórico e cultural. Ao contrário do que afirmam historiadores racistas, vários povos, em diversas regiões, tinham cultura até mais evoluídas que as europeias, em muitos aspectos.

Os africanos estão entre os primeiros povos a desenvolver a escrita. A história distorcida que se apresenta sobre a África faz com que se perpetue a falsa imagem dos africanos e de seus descendentes como primitivos e atrasados.

> Na minha alma ficou
> O Samba
> O Batuque
> O Bamboleio
> E o desejo de
> Libertação ...
> (Solano Trindade)

MARÇO

Datas importantes:

8/3 - Dia Internacional da Mulher.
19/3/1849 - Revolução dos Queimados, no Espírito Santo.
20/3/1838 - Proibição pelo governo de Sergipe aos negros e aos portadores de doenças contagiosas de frequentarem escolas públicas.
21/3 - Comemoração do Dia Internacional para Eliminação da Discriminação Racial.

A partir de 21/3 - Comemoração da Semana da Solidariedade com os povos que lutaram contra o racismo e a discriminação.

A Mulher Negra e os Movimentos Feministas

As primeiras organizações de mulheres negras surgem dentro do Movimento Negro. Elas se destacaram por discutirem o seu dia a dia, sendo, em 1975, quando as feministas comemoravam o "Ano Internacional da Mulher", é que apresentaram um documento que denunciava sua situação de opressão e de exploração.

A partir daí, vários e diferentes grupos foram surgindo: Criola, Fala Preta, Casa da Cultura da Mulher Negra, Geledés, N'zinga e muitos outros. Todos evidenciam as relações étnico-racial e de gênero.

(Adaptação do texto de Helena Theodoro, na *Revista Eparrei* - Casa da Cultura da Mulher Negra)

Você sabia que...

* Ser mulher negra no Brasil, hoje, significa fazer parte do grupo dos discriminados entre os pobres?

* Já existe, em vários países, um movimento liderado por homens que busca envolver a população masculina na luta pelo fim da violência contra a mulher?

* Terminada a escravidão, a mulher negra passou a atuar, sustentando moral e economicamente as famílias negras?

Saiba mais ...

Em tempo...

O total de Mulheres Negras (pretas + pardas) é de 36 milhões e 300 mil, o que significa:
- 23% da população geral do Brasil;
- 44% da população feminina;
- 27% da população rural;
- 22% da população urbana.
(Censo 2000 e PNAD - 1999. IBGE)

"..Se quisermos promover uma sociedade mais justa e mais igualitária, precisamos focalizar as relações de desigualdade e de opressão que existem em nosso país, nas dimensões fundamentais de gênero, raça e classe."
(Edna Roland)

ABRIL

Datas importantes:

4/4 - Assassinato de Martin Luther King, em Memphis, EUA.
26 a 28/4/1994 - Realização das primeiras eleições multirraciais na África do Sul, com vitória de Nelson Mandela.

Direitos Civis

Movimento social extremamente importante, acontecido na América do Norte; teve como uma de suas lideranças o reverendo Dr. Martin Luther King, o qual pregava a desobediência civil não violenta como forma de luta pelos direitos. Conseguiu mobilizar toda a comunidade negra norte-americana, com protestos populares, uma série de boicotes a ônibus, marchas pacíficas e grandes assembleias nas ruas.

A campanha crescia, ganhava força e apoios decisivos, como o do Presidente J. F. Kennedy, que clamou por uma legislação mais efetiva. Como ele demonstrava apoio a esta proposta, no dia 28 de agosto de 1963, 200 mil negros e brancos se reuniram em Washington. Na ocasião, Martin Luther King proferiu o seu mais célebre discurso: "I have a Dream" (Eu tenho um sonho).

Você sabia que...

✷ No Brasil, tem-se uma grande dificuldade de classificar os grupos raciais existentes, pois observa-se o gradiente de cor resultante dos contatos inter-raciais?;

✷ No caso dos Estados Unidos, vigora a noção de que, se o indivíduo tem herança genética negra, ele é negro, não importando a aparência física, cor de pele ou características peculiares?

✷ Para o Movimento Negro Brasileiro, todos os descendentes de africanos do Brasil, independentemente da cor da pele , das características do cabelo, do nariz e de outros sinais, são negros?

✷ Para o IBGE, negros são todos os descendentes de negros africanos que se autoclassificam como pretos e/ou pardos?

Saiba mais ...

Ação afirmativa foi uma expressão criada em 1963, pelo presidente dos Estados Unidos J. F. Kennedy. É um conjunto de ações que visam promover a igualdade de oportunidades, contemplando os grupos que foram historicamente discriminados. São políticas e mecanismos de inclusão, implementados em diversas áreas. A reserva de cotas para negros na educação e no trabalho é um exemplo de ação afirmativa e uma das maneiras de colocar a expressão em prática.

(REVISTA EPARREI. São Paulo: Casa de Cultura da Mulher, 1º sem. 2002.)

MAIO

Datas importantes:

3/5 - Dia Nacional do Combate ao Racismo na Educação.
11/5/1981 - Morte do Rei do Reggae, Bob Marley - Jamaica.
12/5 - Dia atribuído à escrava Anastácia.
13/5/1888 - Abolida juridicamente a escravidão no Brasil.
18/5/1950 - Reuniu-se, no Rio de Janeiro, o Conselho Nacional de Mulheres Negras contra o Racismo e a Discriminação.

A falsa abolição

No dia 13 de maio de 1888, foi abolida "juridicamente" a escravidão no Brasil, pela Lei Áurea, sancionada pela Princesa Isabel. Mas o que representou realmente esta lei para a população negra naquela época?

Os ex-escravos deixaram de ser "coisa", propriedade de seus senhores, mas não houve preocupação política nenhuma para receber, como cidadãos, a massa escrava liberta. Ficaram, portanto, sem lugar como membros efetivos da sociedade, à margem da produção.

A ideologia de inferioridade, já impregnada no Brasil sobre o negro e seu trabalho, levou-o a desenvolver atividades de pouco ou nenhum prestígio social. Houve uma sensível preferência pelo trabalho do imigrante europeu. Sem ter para onde ir, competindo em situação de completa desigualdade com os imigrantes nas fazendas e nas cidades, os negros passaram a viver situação de desemprego ou subemprego e a marginalidade.

Portanto, a Lei Áurea não trouxe efetivamente a verdadeira liberdade para o povo negro. A situação atual de exclusão dessa população nos remete ao passado escravocrata e ao ideário de inferioridade negra constituído após a abolição e que, lamentavelmente, perpetua-se.

A verdadeira abolição ainda está em curso!

Você sabia que...

✫ A Escrava Anastácia simboliza todas as mulheres negras torturadas e estupradas até a morte pelos senhores de fazenda, porque, por sua beleza, altivez e resistência às investidas sexuais dos senhores, foi castigada, sendo obrigada a usar, no rosto, uma máscara de ferro por muitos anos de sua existência?

✫ As mulheres representam uma força especial nos movimentos negros, com organizações espalhadas por todo o Brasil?

✫ Algumas mulheres se destacaram como líderes em quilombos?

✫ Aqualtume foi a líder do Mocambo de Aqualtume, em Palmares, e Teresa do Quariterê reinou por vinte anos no Quilombo do Quariterê?

Saiba mais...

Abolicionismo

Foi um movimento político brasileiro, antiescravista, iniciado por volta de 1809, que culminou com a assinatura da Lei Áurea, abolindo oficialmente a escravidão no Brasil.

Foi um movimento popular, à margem dos partidos políticos, animado, impulsionado e custeado por sociedades, por organizações secretas e pela imprensa em todo o País.

Jornalistas, funcionários, advogados, estudantes e até oficiais do Exército formavam a vanguarda abolicionista.

A abolição resultou, então, de um forte movimento de opinião. Portanto, conquistada pelo povo!

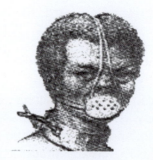

Anastácia

JUNHO

Datas importantes:

7/6/1978 - Início da organização do Movimento Negro Unificado.
16/6 - Revolta do povo de Soweto, África do Sul, contra o Apartheid.
20/6 - Dia do refugiado africano.
28/6/1890 - O governo republicano, ao abrir as portas da navegação para os imigrantes europeus, definiu que africanos e asiáticos só poderiam entrar no Brasil mediante aprovação do Congresso.

Apartheid

Política oficial de segregação racial (geográfica e social) na África do Sul, em 1948, por meio da qual os negros, mesmo sendo maioria da população, eram proibidos de participar da vida política, por intermédio de partidos, do voto e da compra de propriedades. O país foi dividido em duas partes, cabendo à maioria negra a menor parcela, constituída de terras miseráveis e inférteis.

Tal sistema foi muitas vezes desafiado. A luta dos negros contra o Apartheid uniu brancos e negros, dentro e fora da África do Sul. Nomes como Steve Biko, Desmond Tutu e Nelson Mandela foram lideranças reconhecidas nessa luta. Incidentes sangrentos, como o de Shaperville e dos jovens de Soweto, abriram os olhos do mundo para a chaga social que representa o Apartheid. A partir do ano de 1990, iniciou-se o desmantelamento desse regime, mas somente em 1992, depois de um plebiscito, é que se decidiu pelo seu fim oficial.

Você sabia que...

✡ O Movimento Negro Unificado (MNU) foi criado em São Paulo, a partir de um gigantesco ato público, ocasião em que as lideranças negras se reuniram para protestar contra os atos discriminatórios sofridos por quatro jovens negros em um clube social e pela morte de outro jovem negro nas mãos da polícia?

Saiba mais ...

Algumas entidades e organizações negras na atualidade:

Movimento Negro Unificado - MNU
Grupo de União e Consciência Negra - GRUCON
Casa de Cultura da Mulher Negra - CCMN
Centro Nacional de Cidadania Negra - CENEG
Agentes de Pastoral Negras - APN
Congresso Nacional Afro-Brasileiro - CNAB
Instituto da Mulher Negra - São Paulo - GELEDÉS
Coletivo de Mulheres Negras - Belo Horizonte - NZINGA
Centro de Estudos das Relações do Trabalho e Desigualdades - CEERT
Coordenação Nacional de Entidades Negras - CONEN

JULHO

Datas importantes:

3/7/1951 - Aprovação da Lei Afonso Arinos, que condena, como contravenção penal, a discriminação de raça, cor e religião.

7/7/1978 - Teve início a Organização Sindical do Movimento Negro Unificado.

9/7/1880 - Fundação da Sociedade Brasileira contra a Escravidão por Joaquim Nabuco.

Racismo é crime!

Racismo é crime. Está na Constituição, por meio da Lei 7.716, de 1989:

"A prática do racismo constitui crime inafiançável e imprescritível, sujeito à pena de reclusão nos termos da lei."

Art. 1º " Serão proibidos, na forma da lei, os crimes resultantes de discriminação ou preconceito de raça, cor, etnia, religião ou procedência nacional."

Esta lei substituiu a "Afonso Arinos", de 1951, primeira lei antirracismo do Brasil.

Você sabia que...

* A Constituição de 1988 criminalizou o racismo, mas a sociedade brasileira continua, em seu cotidiano, marcada por ações racistas e discriminatórias?

* Em decorrência disso, as organizações negras, em todo o Brasil, têm criado o "S.O.S Racismo", na intenção de acolher e proteger jurídica e psicologicamente as vítimas de discriminação racial?

Saiba mais...
De olho nas leis!

Uma pessoa pratica racismo quando:
1 - Não emprega alguém por causa da sua cor.
2 - Pratica, induz ou incentiva, pelos meios de comunicação, a discriminação ou o preconceito de raça, cor, religião, nacionalidade e etnia.
3 - Recusa ou impede a frequência de alunos em escolas, cursos ou universidades, por preconceito de raça ou cor.
4 - Nega o acesso de alguém a qualquer cargo que esteja apto a exercer em uma empresa, por preconceito de raça ou cor.
5 - Impede ou recusa a entrada de pessoas (por preconceito) em restaurantes, hotéis, bares, clubes, casas de diversões, salões de beleza, bem como em entradas sociais de edifícios, elevadores e transportes públicos.
6 - Impede ou dificulta o casamento ou a convivência familiar e social entre pessoas de raças diferentes.

Pode ser verdade que a lei não é capaz de fazer com que uma pessoa me ame, mas pode impedi-la de me linchar.
(Martin Luther King)

AGOSTO

Datas importantes:

3/8 - Dia Internacional em Memória da Escravidão e da Abolição.
13/8/1986 - Morre Mãe Menininha do Gantuá, na Bahia.
23/8 - Dia Internacional para Recordar o Comércio de Escravos e a Abolição.
24/8/1882 - Morre o abolicionista Luiz Gama.
28/8/ano 430 D.C. - Morre Santo Agostinho.
28/8/1963 - Marcha dos Negros sobre Washington em favor dos direitos civis.
31/8/01 - Abertura oficial da III Conferência das Nações Unidas contra o Racismo, a Xenofobia e a Intolerância correlata (Durbam, África do Sul).

A presença da Mulher Negra nos Quilombos

Algumas mulheres se destacaram nos quilombos:

Aqualtume: Líder do Quilombo dos Palmares. Princesa na África, filha do rei Congo, foi vendida como escrava para o Brasil. Chefiou uma das povoações que levava o seu nome: Mocambo de Aqualtume.

Teresa do Quariterê: Rainha do Quilombo Quariterê durante vinte anos, no século XVIII, liderou um grupo de negros e índios. Impôs tal organização a Quariterê, que o quilombo sobreviveu até 1770. Quariterê se caracterizou pelo seu trabalho com a forja, pois transformava em instrumentos de trabalho os ferros utilizados contra os negros.

Dandara: uma das lideranças femininas negras que lutou, junto com Zumbi dos Palmares, contra o sistema escravocrático. Dandara se colocou ao lado de Zumbi contra Ganga Zumba, por este assinar o tratado de paz com o governo Português.

Você sabia que...

✡ Santo Agostinho nasceu em Tagaste, hoje Argélia, África, e é considerado um dos mais ilustres doutores da Igreja Católica?

✡ Segundo a classificação do Instituto Brasileiro de Geografia e Estatística (IBGE), para definir quem é negro(a) ou afrodescendente, é observado o critério de autoclassificação. São negros os brasileiros que se autoclassificam como pretos ou pardos ?

Saiba mais ...

Curiosidades

"A Guerra do Paraguai foi vencida pelo negro brasileiro, alforriado em massa para lutar no exército. Foi o negro quem sustentou e sofreu, lutando de verdade, morrendo de cólera ou das balas e lanças paraguaias. Com seu trabalho, ele pagou a guerra; com sua vida, a fez vitoriosa. Foi obrigado a ir à luta. Enquanto combatia, tornou-se vítima do processo de 'arianização' que pretendia 'embranquecer' o Brasil." (CHIAVENATO ,1998.)

...Racismo é burrice, mas o mais burro não é o racista, é o que pensa que o racismo não existe. O pior cego é o que não quer ver. E o racismo que está dentro de você...

SETEMBRO

Datas importantes:

06/9/1839 - Martírio de Manuel Congo, líder do Quilombo de Vassouras, no Rio de Janeiro.
12/9/1977 - Martírio de Steve Biko, preso na África do Sul.
15/9/1869 - Proibição da separação entre pais e filhos, marido e mulher, quando vendidos como escravos.
18/9/1945 - Getúlio Vargas assina um decreto, reabrindo a imigração para o Brasil.
28/9/1871- Assinatura da Lei do Ventre Livre.
28/9/1885 - Assinatura da Lei do Sexagenário.

Frente Negra Brasileira

Fundada em 1931, a Frente Negra Brasileira foi uma organização política de grande importância. Reuniu aproximadamente 600 mil filiados. A direção geral ficava em São Paulo, mas havia ramificações pelo interior e muitos outros Estados.

Tinha como objetivo a integração do negro à sociedade. Estimulava o trabalho, o estudo, a poupança para a compra da casa própria.

Essa organização política, tão importante na história da resistência negra organizada, criou também, como canal de expansão, o Jornal *A Voz da Raça*.

Em 1936, após seis anos de existência, foi transformada em partido político, ao lado do Partido Comunista Brasileiro. Partido este que não foi aceito com facilidade, havendo polêmicas quanto ao seu registro como partido. Mas não durou por muito tempo, pois o golpe de 1937, que instituiu o Estado Novo e a ditadura de Getúlio Vargas, promoveu seu fechamento.

Você sabia que...

✴ Existem mais de 700 áreas remanescentes de quilombos já identificadas no Brasil e que 68 delas se localizam em Minas Gerais?

✴ O Quilombo Campo Grande se estendia do Alto São Francisco até o Sul de Minas e região do Triângulo Mineiro e que abrigou, por volta do ano de 1750, cerca de 20 mil negros, sobrevivendo cerca de quarenta anos?

✴ A mando do Imperador e a pedido dos fazendeiros, Duque de Caxias comandou um verdadeiro massacre aos quilombos, no ano de 1838?

Saiba mais ...

1850 - Lei Euzébio de Queiroz: combate ao tráfico de escravos.
1871 - Lei do Ventre Livre: todos os filhos de mulher negra escrava, nascidos a partir da vigência da Lei, eram considerados livres. (Como livres, se suas mães continuavam escravas? Qual seria o futuro dessas crianças?)
1885 - Lei dos Sexagenários: todos os escravos acima de 65 anos seriam libertados. Os senhores eram desobrigados de cuidar deles. (Ficar livre para quê? Para morrer?)

Steve Biko

Criador da Organização dos Estados Sul-Africanos e do Movimento Consciência Negra, preso quatro vezes, exilado e assassinado aos 30 anos.

OUTUBRO

Datas importantes:

1/10/2000 - A escrava negra foi declarada.
5/10/1988 - Entrada em vigor da nossa Constituição Federal que criminaliza o racismo (art. 5º XLII) e determina a titulação das terras remanescentes de quilombos (art. 68 ADCT).
7/10 - Dia de Nossa Senhora do Rosário, padroeira dos afro-brasileiros.
12/10 - Dia da Raça.
12/10 - Dia de Nossa Senhora Aparecida.

Festa de Nossa Senhora do Rosário

A devoção ao Rosário vem desde o século XII, criada por São Domingos, em 1573. O Papa Gregório III instituiu a Festa do Rosário, que deveria ser comemorada no primeiro domingo de outubro ou no dia sete do mesmo mês.

Em Portugal, no século XV, negros escravos já se organizavam em irmandades e confrarias do Rosário por meio da atuação missionária dos frades dominicanos.

No Brasil, a devoção à Nossa Senhora do Rosário foi trazida pelos escravos. Em Minas Gerais, as comemorações tiveram grande projeção e, ainda hoje, os festejos do Rosário são, para muitas comunidades, vivência de fé, pelos seus próprios contextos culturais.

Os festejos do Rosário em Minas Gerais compõem-se de muitos elementos, como levantamento de mastros, novenas, cortejos solenes, coroação de reis e rainhas, cumprimento de promessas, folguedos, leilões, cantos, danças e banquetes coletivos.

A forma de celebrar a devoção à Nossa Senhora do Rosário apresenta algumas variações. Existem comunidades que procuram preservar e manter vivos os valores tradicionais, reverenciando a ancestralidade, como, por exemplo, a Comunidade dos Arturos, em Contagem, comunidade do Jatobá, na periferia de Belo Horizonte, e algumas outras espalhadas pelo interior.

Mas o dinamismo social promove readaptações. Em algumas comunidades, os festejos se revestem de cunho social e pela manifestação de fé, a comunidade apresenta, nos cortejos solenes, questionamentos de conteúdo sociopolítico sobre a situação de exclusão do povo negro e sua história. É o caso da cidade de Diamantina, que oferece uma bela festa com organização temática, mesclando alegorias do Rosário e da Bíblia.

Portanto, em torno da devoção à Nossa Senhora do Rosário, a comunidade negra dá um belo exemplo de fé inculturada, em que liturgia e tradições se complementam.

Você sabia que...

✯ Santa Bakita lutou contra os preconceitos que existiam em sua época, para se tornar religiosa. Só pôde entrar na congregação aos 27 anos, pois naquele tempo não se aceitavam pessoas da raça negra na vida religiosa?

✯ O Quilombo dos Palmares era refúgio de muitos elementos marginalizados pelo sistema escravista e não abrigava apenas escravos fugidos, pois era uma sociedade multirracial, composta de negros, índios e brancos?

Saiba mais ...

As irmandades negras

Os negros escravizados se organizavam também por meio de confrarias. Agrupados em torno de uma devoção, procuravam manter sua cultura. A principal finalidade dessas irmandades deveria ser a de cunho religioso, mas exerceram também funções sociais, desde a diversão, palestras educativas, celebrações de rituais de batismo, casamento, enterro, até assistência a enfermos e desvalidos.

Nossa Senhora do Rosário

Marcial Ávila

NOVEMBRO

Datas importantes:

1/11/1922 - Morte do escritor Lima Barreto, no Rio de Janeiro.
6/11/1866 - Decreto Imperial determina a alforria de todos os escravos da nação que se alistassem para a Guerra do Paraguai.
13/11/1981 - Morre Vicente Ferreira Pastinha (Mestre Pastinha), aos 92 anos, em Salvador.
20/11/1695 - Martírio do líder negro Zumbi dos Palmares.
20/11 - Dia Nacional da Consciência Negra.
20/11/95 - Marcha Zumbi Contra o Racismo, pela Cidadania e pela Vida.
22/11/1910 - João Cândido liderou a revolta da Chibata, no Rio de Janeiro.

A Capoeira

A capoeira é uma forma de expressão da cultura negra. Surgiu entre os escravos do Brasil Colonial. Sob o disfarce de uma dança, os negros se exercitavam para a luta.

Na atualidade, a capoeira é praticada por mais de 2,5 milhões de brasileiros e está presente em aproximadamente 50 países. A capoeira entrou em clubes de classe média alta, em colégios e universidades, a partir do momento em que foi reconhecida como esporte pelo Comitê Olímpico Brasileiro.

Mas não foi sempre assim o seu prestígio. A capoeira foi considerada, entre 1830 e 1937, como crime e seus praticantes sujeitos à prisão ou deportação.

Você sabia que...

✲ Na Guerra do Paraguai, os senhores de escravos substituíram seus filhos, mandando, no lugar deles, de oito a doze escravos?

✲ Consciência negra é o reconhecimento de suas origens étnicas, afirmação da identidade racial, orgulho das raízes africanas?

✲ Desde o início deste século, o povo negro começa a se organizar por meio de associações, irmandades, grêmios e religião, para lutar pelo fim do preconceito e da discriminação?

✲ A Marcha Zumbi Contra o Racismo, pela Cidadania e pela Vida, realizada no ano de 1995, reuniu, em Brasília, mais de 40 mil pessoas, comemorando os 300 anos de imortalidade de Zumbi dos Palmares?

... O negro é negro quando acredita que todos são iguais, quando não impõe suas verdades, mas simplesmente as revela com o intuito de contribuir para humanizar indiscriminadamente todas as raças...
(Virtudes do negro - Antônio Neves)

DEZEMBRO

Datas importantes:

5/12/1824 - A Constituição Brasileira, em lei complementar, proíbe o leproso e o negro de frequentar escolas.

6/12/1969 - Morte de João Cândido, líder da revolta da Chibata, no Rio de Janeiro.

14/12/1890 - Rui Barbosa determina a queima dos documentos relativos à escravidão no Brasil.

14/12/1944 - Surge o Teatro Experimental do Negro (TEN) com Abdias do Nascimento.

19/12 - Dia de São Benedito.

O Movimento Negro Brasileiro

A passividade nunca foi a forma escolhida de posicionamento do negro diante da situação de opressão a que foi sempre submetido. Ao contrário, a população negra, em sua trajetória, optou por se organizar e se manifestar, por variadas formas de expressão:

- Jornal *O Clarim da Alvorada* (1929) e *A voz da Raça*;
- Frente Negra Brasileira (1931);
- Teatro Experimental do Negro (1944);
- Centro de Cultura e Arte Negra (1969).

Estas foram as primeiras manifestações do século XX, mas muitas outras foram surgindo, principalmente a partir da década de 1970. Hoje, temos um expressivo número de organizações negras, com suas atenções voltadas para áreas como direitos humanos, trabalho, gênero, educação, política, mas todos direcionados para um objetivo central: combater o racismo!

Você sabia que...

✻ Existe o Decreto-Lei número 3.198, de 2000, do Deputado Federal Paulo Paim, que instituiu o Estatuto da Igualdade Racial em defesa dos que sofrem preconceito ou discriminação, por causa de sua etnia, raça e/ou cor?

✻ No art. 13 desse Estatuto, a matéria História Geral da África e do Negro no Brasil passa a integrar obrigatoriamente o currículo dos ensinos público e privado?

Saiba mais ...

Rui Barbosa, em 1890, decretou que fossem queimados todos os documentos relativos à escravidão no Brasil. Tal decisão dificulta, nos dias atuais, um preciso levantamento de dados históricos e estatísticos sobre a escravidão, desde sua implantação no século XVI.

... Nossa raça traz o selo dos sóis e luas dos séculos.
A pele é mapa de pesadelos oceânicos e orgulhosa moldura de cicatrizes quilombolas.
(Jamu Minka)

"A criança negra tem o direito a ser respeitada em sua dignidade humana. Fica proibida a veiculação, na escola, de textos contendo preconceitos e estereótipos que possam inferiorizar o povo negro. Ficam valendo apenas aqueles que levem todos os alunos(as) a desenvolverem atitudes democráticas e de respeito às diferenças, reconhecendo e valorizando a diversidade étnico-cultural brasileira."

Rosa Margarida
(Direitos Essenciais da Criança Negra na Escola)

SUGESTÕES PARA O TRABALHO PEDAGÓGICO NO COTIDIANO ESCOLAR

Nas páginas que se seguem, encontram-se sugestões de projetos interdisciplinares, estudos de textos em geral, poesia, teatro, bem como jogos e brincadeiras que efetivamente poderão fazer parte das atividades desenvolvidas no cotidiano escolar. Acredito que estas propostas poderão auxiliar o(a) professor(a) desejoso(a) de material alternativo para subsidiar o trabalho com a questão racial dentro da escola. Todas as atividades apresentadas inter-relacionam disciplinas e perpassam muitos conteúdos escolares que, normalmente, são abordados no período letivo.

Além disso, reitero a simplicidade das sugestões propostas. Certamente, todas elas podem e devem ser enriquecidas, reelaboradas, ampliadas e adaptadas à realidade e ao ciclo de estudo desejado.

Rosa Margarida

UM MUNDO PARA TODOS

"O grande desafio da escola é investir na superação da discriminação e dar a conhecer a riqueza representada pela diversidade étnico-cultural que compõe o patrimônio sociocultural brasileiro, valorizando a trajetória particular dos grupos que compõem a sociedade."

(Parâmetros Curriculares Nacionais)

PARA QUE ESTE PROJETO?

Com a realização deste Projeto, podemos:

- Proporcionar oportunidades variadas e significativas de leitura, pesquisa e produção de texto, assim como de desenvolvimento do raciocínio, da criatividade e do senso crítico;

- Promover atividades que ajudem a refletir sobre atitudes positivas de colaboração, solidariedade e construção da dignidade pessoal;

- Desenvolver atividades que levem a construir conhecimentos históricos, geográficos e culturais que auxiliem na construção da cidadania;

- Conhecer e valorizar a pluralidade do patrimônio sociocultural brasileiro, bem como aspectos socioculturais de outros povos e nações, evitando-se qualquer posição discriminatória baseada em diferenças culturais, de classe, crença, sexo, etnia ou outras características individuais ou sociais;

- Situar os seres humanos quanto a suas diferenças sociais, culturais, econômicas e raciais;

- Promover práticas educativas culturais que possibilitem aos alunos negros a assunção positiva de sua identidade racial e a todos os alunos o desenvolvimento de atitudes positivas de respeito às diferenças;

- Refletir sobre os documentos oficiais que tratam dos direitos humanos.

De que forma?

Temas	Conteúdo	Sugestões de atividades	Culminância
Etapa 1 — I - Os seres humanos na Terra: • Características do planeta Terra. • Os seres da Terra. • A distribuição dos seres humanos pelo planeta. Os continentes e suas diversidades (sociais, econômicas, culturais e étnicas).	• Apresentação das várias formas de representação da Terra. • Estudo sobre forma, composição e elementos existentes no planeta. • Localização dos continentes, enfocando a distribuição dos seres humanos no planeta: as diversidades existentes; as necessidades de adaptação; a variedade de características. • Os vários tipos de ambientes constitutivos do planeta.	• Manipulação e exploração das várias formas de representação de Terra (globos, mapas, planisfério). • Viagem imaginária com os alunos em cada continente para confecção de um "álbum de viagem" com registro das pesquisas feitas sobre os aspectos físicos, sociais, econômicos, culturais e	• Elaboração de um texto coletivo sobre o tópico estudado nesta etapa do projeto.
Etapa 2 — II - Os seres humanos no Brasil: • Brasil no mundo. • Grupos formadores do povo brasileiro. • Ênfase sobre <u>todas</u> as contribuições de <u>cada</u> grupo humano na formação do Brasil.	• Estudo dos vários tipos humanos que compõem o povo brasileiro. • Trabalho sobre o atual questionamento do conceito de raça. • Trabalho sobre a complexidade histórica da formação do povo brasileiro no contexto histórico. • Os índios como donos da terra. • A chegada dos portugueses. • O negro escravizado.	• Confecção de um mural com o material de pesquisa dos alunos sobre os vários tipos humanos que constituem o povo brasileiro. • Estudo sobre os aspectos mais importantes da cultura de cada grupo formador do povo brasileiro e sua trajetória histórica no Brasil.	• Elaboração de texto coletivo sobre a etapa estudada. • Montagem de árvore genealógica, identificando o grupo humano predominante na família de cada aluno.

Etapa 3

III - Um mundo para todos – Um Brasil para todos!

- Os brasileiros e suas diversidades.
- Propostas de solução para os problemas brasileiros.

- Avaliação crítica da situação atual do povo brasileiro (cultural, social e econômica).
- Relação e contextualização histórica da situação de exclusão do negro e do índio na sociedade brasileira.
- Líderes e personagens que sobressaíram na luta por um Brasil melhor (em cada grupo social).
- Declaração dos Direitos Humanos.
- Constituição Brasileira.
- Legislação sobre o racismo.
- Estatuto da Criança e do Adolescente.

- Montagem de murais e painéis com gravuras, fotos e manchetes retratando a realidade brasileira, para provocar debates, análises e levantamento das causas prováveis da situação.
- Estudos de textos que apresentam estatísticas sobre a situação de exclusão do negro e do índio no Brasil, para elaboração de gráficos com os alunos.
- Divisão da turma em grupos, para cada um apresentar, de forma criativa (teatro, jogral, música, jornal falado), tópicos importantes dos documentos oficiais estudados.

- Apresentação criativa, para toda a turma, dos tópicos estudados nos documentos oficiais.
- Montagem de um painel ("Heróis do passado e do presente", por exemplo).

Etapa 4

IV - Convivência na Diversidade

- O individual e o coletivo na construção de um mundo melhor.
- A interdependência entre os seres humanos para a construção de um Brasil com progresso, harmonia e paz.

- Importância do cumprimento dos deveres e respeito aos direitos dos cidadãos para o bem individual e coletivo.
- Levantamento e estudo dos principais entraves para a construção de uma convivência mais fraterna entre as pessoas (violência, desrespeito, droga, discriminação, racismo, miséria, desemprego).
- Valores éticos e morais para a construção de uma sociedade mais justa, fraterna e solidária.

- Retomada dos textos coletivos construídos em cada etapa, para promover um debate amplo sobre as principais questões levantadas.
- Primeiro momento: colocação dos pontos principais do estudo feito.
- Segundo momento: questões levantadas.
- Terceiro momento: pro-postas de solução.

Divulgação dos resultados por um jornal, mural ou impresso.

- Exposição, para toda a comunidade, dos trabalhos produzidos durante a realização do projeto.

Integração de Disciplinas

Português

Recepção de textos em geral (letras de música, poemas, ditados populares, narrativas e outros), relacionados a cada tema, a cada etapa e a cada conceito a ser firmado no projeto (ortografia relativa aos textos).

- Estudo das palavras africanas e indígenas no vocabulário brasileiro.
- Estudo das biografias dos heróis brasileiros na construção da nação (negros, índios e brancos).
- Leitura dos tópicos selecionados da **Declaração dos Direitos Humanos** da Constituição Brasileira, da legislação contra o racismo e do **Estatuto da Criança e do Adolescente**.
- Elaboração com os alunos do jornal para divulgação dos resultados do debate.
- Produção dos textos coletivos ao final de cada etapa do projeto.

Matemática

Análise do registro dos dados estatísitcas em relação aos seres humanos no planeta (porcentagem, gráfico, etc.). Problematização e levantamento de hipóteses em relação à distribuição da população mundial, para serem resolvidas pelos alunos.

- Registro e comparação do número de índios, negros e brancos na época colonial e atualmente. Problematização de dados e reflexão sobre estes números.
- Conhecimento das estatísticas relativas à situação de exclusão do negro e do índio no processo social brasileiro e problematização de questões, elaboração de gráficos, porcentagens, etc.
- Análise das estratégias de construção textual na legislação contra o racismo e do Estatuto da Criança e do Adolescente para estudar o tipo de numeração usada nesses textos.
- Trabalho com os dados sobre a fome no Brasil, registrando números, elaborando gráficos e tabelas, problematizando questões.
- Trabalho com os termos inflação, FMI, bolsa de valores, indicadores econômicos e afins.

Geografia

- Estudo de mapas e globo (legenda, orientação, escalas).
- Localização geográfica dos seguintes aspectos:
  - dos continentes relacionados à distribuição do ser humano na Terra.
  - do Brasil no mundo.
  - do local da chegada dos portugueses ao Brasil.
  - das principais concentrações de índios no território brasileiro.
  - dos principais portos de chegada dos escravos ao Brasil.
- Desenho do caminho marítimo percorrido pelos escravos na trajetória África - Brasil.
- Mapeamento das principais aglomerações negras e indígenas no País (quilombos e tribos pelo Brasil, remanescentes de quilombos, reservas indígenas e outros).

História

- Breve estudo dos aspectos históricos e das diversidades sociais, econômicas, culturais, étnicas e religiosas de cada continente.
- O descobrimento(?) do Brasil.
- Estudo da formação étnica do povo brasileiro e a contribuição real de cada raça para esta formação (não se ater "apenas" às questões culturais, mas enfocar também a social, econômica e política).
- Estudo da situação de exclusão do negro, como maior representante das classes menos favorecidas, e do índio. Estudar os fatos históricos relacionados aos heróis estudados.
- Organização do trabalho a ser apresentado pelos grupos sobre a declaração, a constituição e a legislação contra o racismo e dos direitos da criança e do adolescente.

Ciências

- Composição, forma e movimento do planeta Terra.
- O ser humano no planeta Terra (características , necessidades fundamentais, desenvolvimento e aprendizado).
- Identidade individual e aspectos que a influenciam (sexo, idade, grupo social, cidadania, história de vida).
- Estudos de textos contendo teorias antropológicas sobre as raças humanas.
- Características que favorecem o ser humano no ambiente onde vive.
- Questões ligadas à saúde do ser humano, refletindo sobre as condições em que vive o povo brasileiro (vacinação, prevenção, doenças controladas e doenças atuais, sistema de saúde, direitos do cidadão em relação à saúde etc.
- As necessidades psicológicas dos seres humanos.
- Formação da personalidade, caráter.
- Interdependência entre os seres humanos (necessidade gregária do homem).

Artes

- Confecção de um álbum de "viagem imaginária" pelos continentes, enfocando os aspectos estudados em História.
- Destaque sobre a contribuição do negro nas artes plásticas e na música (mestre Didi, Carybé, Mário Cravo, Manuel Bonfim, Aleijadinho e outros).
- Sugestões e orientação a respeito das apresentações sobre os textos da **Declaração dos Direitos Humanos** e do **Estatuto da Criança e do Adolescente,** da **Constituição** e da legislação contra o racismo.

Formação Humana

- Estudo da visão do índio brasileiro e do negro africano em relação à vida, natureza, religião, etc.
- Desenvolvimento de técnicas de reflexão sobre os aspectos éticos e morais de relacionamento humano em relação aos textos estudados sobre a Constituição, a Declaração dos Direitos Humanos sobre a criança e o adolescente e a legislação contra o racismo.
- Trabalho com os valores éticos e morais necessários para a construção de uma sociedade mais justa entre os seres humanos.

Educação Física

- Preparar danças, desfiles e apresentações, caracterizando as culturas estudadas.
- Estudo sobre a origem de jogos e danças.
- Movimentos básicos da capoeira.

PROPOSTA DE TRABALHO
Consciência negra na escola
(Projeto desenvolvido na E.M. Anne Frank, no ano de 1998)

"O projeto de vida dos jovens negros só será viável dentro de uma política educacional que reconheça a formação étnica deste país e valorize os padrões culturais das etnias."
(*Raquel de Oliveira*)

POR QUE ESTE PROJETO?

O projeto tem como finalidade comemorar, de forma reflexiva, criativa e prazerosa, o 20 de Novembro, Dia da Consciência Negra.
Por intermédio das atividades desenvolvidas, pretende-se criar oportunidades para que os alunos, professores, enfim, toda a comunidade escolar conheça a trajetória histórica do povo negro brasileiro na construção de sua cidadania plena. Desta forma, a escola poderá contribuir para:

- a instrumentalização do aluno negro (que é maioria na escola pública), para que seja sujeito de sua própria história, enfrentando criticamente os desafios que lhe serão apresentados;

- a elevação da autoestima desse aluno e, consequentemente, a construção positiva de sua identidade racial;

- o rompimento do silêncio sobre as questões relativas ao racismo e à discriminação racial, juntamente com a possibilidade de construção de uma prática pedagógica voltada para o respeito à diversidade e a valorização da pessoa humana.

SERÁ QUE NOS PROPOMOS A ENFRENTAR ESTE DESAFIO?

DE QUE FORMA?

De acordo com as novas propostas curriculares, pensamos em abordar o tema da seguinte maneira:

- O segundo ciclo dará ênfase aos conhecimentos históricos relativos à trajetória do povo negro na formação do povo brasileiro;

- O terceiro ciclo dará ênfase às questões ligadas à situação atual do negro brasileiro, refletindo sobre a possibilidade de avanço na construção de uma cidadania;

- Será destinada uma semana para embasamento teórico e outra para o trabalho com as atividades, objetivando a exposição e apresentação dos trabalhos realizados no dia 20 de Novembro;

- Cada turma trabalhará com um tema e deverá apresentar um trabalho relacionado ao mesmo;

- Para facilitar o trabalho entre os professores e para a apresentação das atividades, sugerimos a divisão dos alunos em três grupos.

PROJETO PRONTO OU PROPOSTA?

Como esta é uma proposta aberta, a cada etapa será possível discutir, substituir, reelaborar e propor novas atividades. O importante, o que não se pode perder de vista é o objetivo essencial do projeto: refletir sobre a contribuição real do povo negro para a sociedade brasileira, o que referenda, assim, o pluralismo racial e cultural em nosso País. Estaremos, pois, cumprindo o nosso papel de agentes de transformação, possibilitando a construção de bases para uma vida digna a todos, independentemente da condição social, da idade, do sexo e da raça.

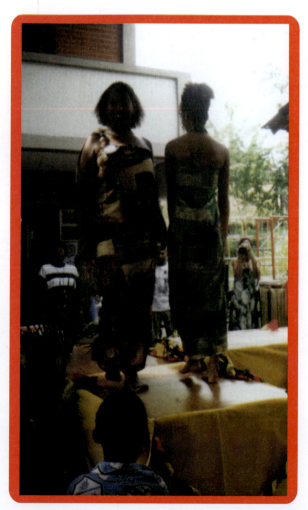

Proposta de Trabalho
Consciência Negra na Escola

	1° grupo	2° grupo	3° grupo
Tema	• A história do povo negro brasileiro.	• A história da resistência negra (escravidão).	• Situação atual do povo negro brasileiro e a construção de sua cidadania.
Estratégias	• Contação de histórias e filmes: - **Amigo do rei** (Ruth Rocha); - **A vida de Zumbi** (F. Palmares); - **Atabaque Menino** (Joana dos Anjos); - **Quilombo** (Cacá Diegues).	• Estudo do livro: **A vida de Zumbi** dos Palmares. (Cartilha da Fundação Palmares).	• Estudo do livro: 20 de Novembro: A consciência nasceu na luta. (BAULOS JÚNIOR, Alfredo. FTD, 1992). • Trabalho com reportagens, revistas, jornais, panfletos, textos.
Conteúdo	• A história da escravização do negro e seu envio para o Brasil. • A verdadeira participação do povo negro na construção da cultura e da identidade brasileiras. • Direitos Humanos e personalidades que se destacaram nesse aspecto.	• História das diversas formas de resistência do povo negro à escravidão. • Biografia de Zumbi. • A religiosidade negra. • A importância de Zumbi para todos os brasileiros, como símbolo de resistência ao poder colonial.	• Resistência negra pós-abolição. • O movimento negro na atualidade. • Racismo e discriminação no Brasil.
Atividades	• Montagem e exposição de um livro ilustrado sobre a trajetória histórica do povo negro no Brasil (da chegada até a Abolição).	• Confecção de paródias, **raps** e poemas sobre o tema. • Montagem da maquete do Quilombo dos Palmares. • Trabalhos artísticos com símbolos e orixás africanos.	• Painel fotográfico e biográfico: **Negros de destaque –** Passado e Presente. • Peça de teatro: **Discriminação na escola.** • Linha de tempo: Apresentação artística representando, pelo ritmo e pela dança, a trajetória do povo negro no Brasil. • Produção de vídeo: Depoimentos de alu-nos, professores, funcionários e comunidade sobre o tema. Debate após a exibição do vídeo.

Culminância Geral do Projeto:
a) apresentação e exposição dos trabalhos realizados;
b) oficina de estética negra;
c) eleição da "Garota Afro da Escola".

PROJETO RECRIANDO

Este projeto visa criar possibilidades de sensibilização dos alunos quanto ao trato da questão racial. Por meio das várias manifestações artísticas, os alunos serão levados a estudos, debates e reflexões.

- Evidencia-se a intervenção competente do professor, que deverá ter conhecimento do assunto a ser abordado e sensibilidade para poder intervir positivamente nos debates.

- Este projeto estará lidando com sentimentos e emoções. Cuidado!

- Estão delineadas algumas sugestões de atividades que deverão ser feitas com os textos apresentados, o que não descarta, em nenhum momento, atividades como esclarecimento do vocabulário, compreensão de texto e conversa informal sobre a temática. Ao final, sugere-se a confecção de um jornal mural com tudo o que foi produzido e pesquisado pelos alunos. A própria confecção do mural poderá ser em um momento de arte e criação. Por que não usar materiais rústicos, a exemplo dos povos africanos, como palha da costa, contas, miçangas, sementes, linhagem, etc. ?

1995: 300 anos da morte do chefe guerreiro Zumbi dos Palmares, líder de um dos principais movimentos de resistência negra contra o regime de escravidão. A comemoração possibilitou reflexão e despertou o desejo de conhecer a trajetória de lutas do povo negro em nosso País. O resgate da figura desse líder negro animou e fortaleceu a população negra brasileira a prosseguir em sua luta para superar a situação de marginalidade e exclusão, procurando, assim, construir a sua cidadania.
Hoje, brancos e negros, enfim, todos os que sonham com um Brasil fraterno, solidário, sem injustiça e discriminação de qualquer espécie, deveriam estar nesta luta...

Este é Adão Ventura, advogado, poeta, escritor e conferencista mineiro.

Lecionou Literatura Brasileira Contemporânea nos Estados Unidos e hoje é considerado uma voz expressiva na poesia mineira.

Escreveu um dos mais importantes livros de poesia sobre o negro brasileiro, chamado *A cor da pele*, do qual tiramos este poema para que você possa apreciar:

PARA UM NEGRO

Para um negro
a cor da pele é uma sombra
muitas vezes mais forte
que um soco.

Para um negro
a cor da pele
é uma faca

que atinge
muito mais cheio
o coração.

Poesia é sensibilidade, é emoção!
Quando você leu o poema, quais sentimentos foram despertados em você? Escreva-os abaixo:

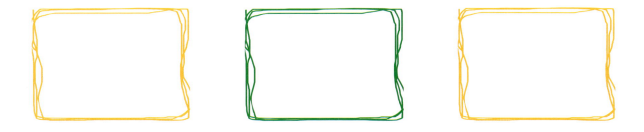

Sensibilidade e emoção a gente pode passar por meio de várias formas de arte. O desenho é uma delas. Que tal experimentar?

Faça um desenho baseado no poema de **Adão Ventura**. Expresse a sua emoção nos traços do desenho, nas formas e nas cores...

Como você percebeu, esse poema de Adão Ventura é muito forte. Ele espelha as dificuldades que o negro brasileiro tem em relação à sua cor. Por que há essa dificuldade?
Você conhece alguém que vivencie esse tipo de situação?
Você também se sente assim?
Use sua emoção e expresse-a novamente.
A partir do exemplo de Adão Ventura, construa um poema que retrate as dificuldades de ser negro no Brasil:

Faça arte com as palavras...

TRABALHO DE CAMPO: ENTREVISTA

Entrevistar três pessoas negras, a partir do seguinte roteiro:

* Nome/idade/trabalho:

* Você acha que existe preconceito racial no Brasil?

* Você já sofreu algum ato de discriminação racial? Em caso afirmativo, poderia relatar como foi?

* A cor de sua pele tem sido uma barreira para você? Por quê? Em quais circunstâncias?

Filhos de Zumbi

Assim estão se definindo, hoje, os negros, orgulhosos da herança de fraternidade, de coragem e de luta pela liberdade, deixada por Zumbi dos Palmares. Como boa herdeira, a comunidade negra preserva esta herança, multiplicando suas lutas por intermédio da música, da literatura, da formação de grupos políticos ou culturais.

O **Ilê Aiyê** é um bloco carnavalesco da Bahia. Tem como principal objetivo a expansão da cultura de origem africana no Brasil.

São inúmeros os seus simpatizantes e associados. No carnaval, o bloco apresenta músicas que resgatam a história e a cultura negra; faz exaltação a líderes que lutaram pela causa e também letras de músicas afirmando a negritude.

É o caso da canção abaixo, que você vai conhecer:

Postura sólida

Boboco
Eu sou da Bahia
de São Salvador
símbolo da negritude
eu sou Ilê, sou nagô
meu prazer de nascer negro
se faz mais profundo
sabe porque minha cultura
propaga-se ao mundo
hoje eu sou lucipotente
e exalo esplendor
pois meu povo não declama
verbo sofrer sentir dor
Sou África Gêge Nagô
sou África Ilê Aiyê Salvador
sou África Gêge Nagô
eu sou América, Ilê Aiyê
Salvador

Sempre de postura sólida
eu quero mais é viver
sem ligar para o que
pensam
e os que querem me fazer
sofrer
piso ao solo e grito aos ares
que sou negro eu sou
oriundo lá da África
eu sou Gêge Nagô
sou África
Sou superior dos planos
irei só crescer
tornei-me um ente
mitológico
e eu me chamo Ilê Aiyê
sou África.

1 - Música também é sensibilidade, é emoção!

Se você comparar os versos de Adão Ventura com esta canção, o que é possível afirmar em relação aos sentimentos do sujeito que fala neste texto do Ilê Aiyê? Quais foram as emoções que você sentiu?

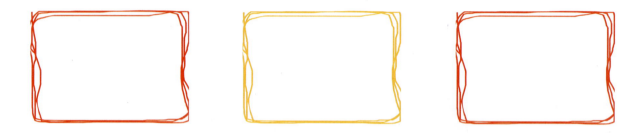

2 - Como você percebeu, em toda a letra da música, o autor exalta sua cor, sua raça. Escolha alguns dos versos de que você mais gostou e escreva-os abaixo.

3 - Agora, elabore um diálogo em que os versos escolhidos apareçam como falas de personagens.

Veja que os sentimentos em relação à negritude estão, algumas vezes, misturados.

    Portanto, copie da canção os versos que expressam:

4 - Estes sentimentos de que falamos acima estão no coração de grande parte dos negros brasileiros. A alegria e o orgulho aparecem quando eles conhecem a história do povo negro, sua luta e importância para o Brasil. Mas a dor e a dificuldade chegam quando eles sofrem discriminações por causa de sua cor e sabem que ainda têm que lutar muito para que isso acabe. Converse com seus amigos, pense sobre este assunto.

5 - Agora, use novamente sua emoção: expresse criativamente seus sentimentos de **alegria, orgulho, dor e dificuldade,** em relação ao fato de ser negro no Brasil.

TRABALHO DE CAMPO

1 - Pesquise e escreva sobre:

a) Alegria e orgulho: a história do povo negro e sua resistência ao trabalho escravo, após a Abolição e nos dias atuais.

X

b) Dor e dificuldade: as principais dificuldades enfrentadas pelo povo negro atualmente.

Situação A	Situação B

2 - Álbum

Você vai montar um álbum colando reportagens, fotos, biografias, informações sobre instituições, movimentos, blocos carnavalescos e culturais do povo negro brasileiro e de outros países. Organize seu material com muito capricho, separando cada parte com o título relativo ao assunto. A última página é reservada para você. Escreva seu posicionamento crítico sobre o álbum que você produziu. Não deixe de assinar, pois você é o autor!

O povo brasileiro

O Brasil foi um país construído a muitas mãos.

O Povo Brasileiro

Antes da chegada de Cabral, já existiam nesta terra aproximadamente 6 milhões de habitantes, de diferentes povos indígenas. Cada povo tinha seus costumes, sua língua, suas crenças, seu modo de vida.

Os portugueses colonizadores tinham como objetivo explorar as riquezas do Brasil.

Chegaram aqui, portanto, pensando em ganhar dinheiro e prestígio social.

Com esse propósito, iniciaram, em 1502, a exploração do pau-brasil. Embora esta extração houvesse começado dois anos após o descobrimento, a fixação dos portugueses na Colônia só ocorreu, de fato, com o cultivo da cana-de-açúcar.

No século XVI, negros africanos foram trazidos à força para trabalhar nas lavouras como escravos. Desembarcaram no Brasil negros de diferentes nações africanas. Traziam conhecimentos agrícolas de como trabalhar o bronze, o cobre, o ouro e a madeira. Havia também, entre eles, muitos tecelões, ferreiros e artesãos.

Financiados pelos governos provinciais e imperial, imigrantes de variadas nacionalidades aqui estiveram. Italianos, espanhóis, russos, ucranianos, turcos, sírios, japoneses e chineses vieram trabalhar no Brasil, fugindo das guerras ou para conseguir vida melhor do que na sua terra.

Formou-se, então, no Brasil, uma grande mistura racial. O Brasil se tornou um país mestiço.

Mas existem pessoas que não aceitam isso. Se você é uma delas, basta investigar os seus antepassados: de onde você veio? E seu avô? E sua avó? E seus bisavós?

Nas veias da maioria dos brasileiros corre sangue índio, negro e branco.

Muitas pessoas ainda acreditam que, no Brasil, as relações raciais são totalmente harmônicas, isto é, vivemos em uma verdadeira "democracia racial". A história não é bem assim não!

No início da colonização, a elite brasileira considerava índios e negros como seres inferiores, enaltecia apenas a sua própria cultura e desqualificava os valores culturais desses dois povos.

Houve, sim, miscigenação entre brancos, negros e índios, mas isto não impediu que se formasse, no Brasil, uma sociedade racista.

Carregamos, dentro de nós, a herança de todas as culturas e sabemos, hoje, pelas mais modernas experiências feitas no campo da biologia e da genética, que as várias características externas do ser humano, como a cor da pele, o formato do nariz, os pelos, são apenas formas de adaptação do ser humano ao ambiente. A estrutura genética é idêntica nos vários grupos humanos. Fica a indagação: se, geneticamente, não há como definir raça, por que existir racismo, então?

1 - Professor(a), aproveite o texto para uma leitura silenciosa, leitura e interpretação de cada parágrafo, estudo do vocabulário e conversa informal com seus alunos sobre o assunto.

2 - Pela leitura do texto e pela observação da ilustração, você pode perceber que o Brasil é um país plurirracial e multicultural. Complete, então, o gráfico abaixo:

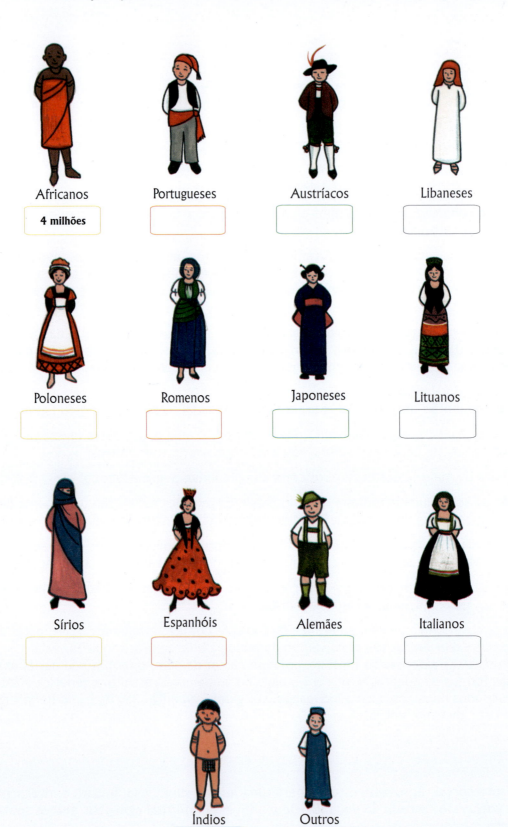

3 - Observe os espaços que você completou sobre os diferentes povos que constituem o Brasil e responda:

a) Pela quantidade de elementos, quais os três povos que mais contribuíram para a formação do povo brasileiro?

_____

_____

_____

_____

_____

_____

_____

b) Cada povo estava ou foi trazido para o Brasil com objetivos diferentes. Leia novamente o texto e complete abaixo o objetivo de cada um.

- Os portugueses colonizadores:

_____

_____

_____

_____

- Os negros escravizados:

_____

_____

_____

_____

4 - Copie o sexto parágrafo no espaço abaixo. Depois, faça um cartaz com uma ilustração que represente o sentido de tal parágrafo.

_____
_____
_____
_____
_____
_____
_____
_____

5 - "O Brasil é um país mestiço." Explique esta frase do Professor Darci Ribeiro.

_____
_____
_____
_____
_____
_____
_____

6 - O texto enfatiza que o Brasil é um país multirracial. Você já pensou que as famílias são o retrato do Brasil? Leia, portanto, o sétimo parágrafo e complete sua árvore genealógica.

Nome: _____
Preto ☐ Pardo ☐ Amarelo ☐
Branco ☐ Indígena ☐

Pai: _____
Preto ☐ Pardo ☐ Amarelo ☐
Branco ☐ Indígena ☐

Mãe: _____
Preta ☐ Parda ☐ Amarela ☐
Branca ☐ Indígena ☐

Avô paterno: _____
Preto ☐ Pardo ☐ Amarelo ☐
Branco ☐ Indígena ☐

Avó paterna: _____
Preta ☐ Parda ☐ Amarela ☐
Branca ☐ Indígena ☐

Avô materno: _____
Preto ☐ Pardo ☐ Amarelo ☐
Branco ☐ Indígena ☐

Avó materna: _____
Preta ☐ Parda ☐ Amarela ☐
Branca ☐ Indígena ☐

7 - Você, agora, deverá pesquisar e escrever o significado das expressões abaixo:

a) democracia racial:
_____
_____
_____
_____

b) elite:
_____
_____
_____
_____

c) miscigenação:
_____
_____
_____
_____

d) racismo:
_____
_____
_____
_____

8 - Responda:

a) Você pensa que vivemos em uma democracia racial? Por quê?
_____
_____
_____
_____
_____
_____

b) Qual conceito a elite brasileira tinha do negro e do índio? Você concorda com isso? Dê sua opinião:

_____

_____

_____

_____

_____

c) Você acha que a miscigenação é prova de que não existe racismo? Por quê?

_____

_____

_____

_____

_____

d) Quais foram as conclusões a que os cientistas modernos chegaram sobre as raças, em suas experiências com a biologia e a genética?

_____

_____

_____

_____

e) Segundo essas experiências, o racismo se justifica? Por quê?

_____

_____

_____

_____

9) Leia a "tirinha'" abaixo. Ela representa uma manifestação de racismo muito frequente no Brasil. Descreva a situação, explicando que tipo de racismo a cena representa.

_____
_____
_____
_____

Projeto de Trabalho
SENTINDO NA PELE...

"Pelos registros da pele, uma história aparece. Alguns registros parecem ser eternos. Outros se transformam (...)

Ao acolher e envolver o corpo físico, a pele o protege do ambiente que seja hostil e das ações externas agressivas, mas percebe e recebe, em todo o corpo, os estímulos positivos de calor, prazer e troca!"

(*Seja!* Leitura corporal em revista, n.1, fev. 2002.)

Para que este projeto?

Esta é uma proposta de trabalho fundada e planejada para atender preferencialmente os alunos do segundo ciclo do Ensino Fundamental. Visa à construção de conhecimentos sobre a pele, que é o maior e mais pesado órgão do corpo humano, sua estrutura, características, funções e as relações que estabelecemos por meio desse órgão. O estudo possibilitará também a adoção pelos alunos de posturas mais conscientes em relação aos cuidados necessários com a pele, bem como conhecer e analisar criticamente como a pele pode influenciar cultural e socialmente as relações humanas.

De que forma?

Todo o projeto de trabalho terá como base os textos da Revista **Super Interessante** (v. 8, do ano de 1998), sob o título "Pele: A embalagem perfeita".

Projeto "Sentindo na Pele"
2°ciclo fundamental

Tema	Conteúdo	Sugestões de Atividades	Síntese / Registro
A pele	• Características gerais da pele.	• Leitura do texto. • Esquema das principais características da pele. • Produção de texto baseada no esquema feito.	Experimentação: • Observação da pele através do microscópio, para anotar o que foi observado. • Registro por meio de desenho. • Relatório de observação.
A pele por dentro	• Estrutura e funcionamento da pele.	• Leitura do desenho da pele por dentro. • Caça-palavras com os componentes da pele para completar no desenho.	• Relatório sobre o que foi aprendido.
A pele é a roupa de seu corpo	• Características e variações dos tipos de pele.	• Elaboração de sentenças, sintetizando pontos importantes. • Pesquisa e colagem de variados tipos de pele (cor, tonalidade, texturas, etc.).	• Pesquisar, em variadas fontes, o porquê da existência de tantos tipos de pele. • Organizar as hipóteses e promover um debate.
A cor da pele	• A melanina. • Relações humanas baseadas na cor da pele. • A cor do brasileiro.	• Complementação de frases. • Exercícios de interpretação de texto. • Conceituação acerca do racismo.	• Pesquisa sobre a origem do racismo. • Pesquisar, em relação às leis contra o racismo. • Debate sobre o racismo e a discriminação racial no Brasil e no mundo.
Na pele... Pêlos, unhas e glândulas	Componentes da pele: • pelos; • unhas; • glândulas.	• Complementação de textos no desenho. • Palavras cruzadas. • Produção de texto.	• Relatório sobre o que foi aprendido.
O cabelo 'fala' por você	• Características e funções dos pelos. • Função social adquirida pelos cabelos.	• Interpretação de texto. • Reflexão e debate sobre o estudo das alternativas corretas marcadas no exercício.	• Montagem de um mural bem ilustrado sugerindo, por exemplo, como as pessoas se expressam por meio dos cabelos ao longo dos tempos.
O preço de ser vitrine	• Doenças da pele.	• Estudo de textos. • Confecção de cartazes. • Reflexões e debates. • Elaboração de conceitos. • Trabalho em grupo.	• Debate sobre os temas. • Síntese das conclusões e produção de um texto coletivo que será copiado por todos.

A PELE

Ela é uma roupa sem igual. Cai bem em grandalhões ou nanicos, gordos ou magros. São 2 metros quadrados de tecido humano da melhor qualidade. Versátil, aquece no frio e refresca no calor. Veste perfeitamente em qualquer ocasião, formal ou informal.

Olhando, ninguém diz que pesa mais de 4 quilos. Seus 5 milhões de sensores captam os estímulos mais sutis. E ainda acham que ela é superficial. Se alguém pedir a você para listar as dez partes mais importantes do corpo, dificilmente estaria entre elas. Na verdade, a pele é uma injustiçada.

Por incrível que possa parecer, a pele é o maior órgão do corpo humano. Abriga as sensações e o único dos cinco sentidos absolutamente vital para a sobrevivência: o tato. Você morreria se não conseguisse diferenciar, pelo toque, o óleo quente da água fria. Se não existisse a dor, você comeria a própria língua junto com as refeições, sem notar. E talvez só percebesse que pisou num prego muito tempo depois, quando o ferimento já estivesse infeccionado.

A pele evita a perda dos líquidos do corpo e impede que os seus órgãos fiquem expostos ao sol, à chuva, ao vento, aos insetos, fungos e germes.

Em todas as épocas e culturas, a humanidade tem usado a superfície do corpo como suporte para a expressão, desenhos, tinturas e inscrições.

1- No texto acima, o autor fez uma descrição bem interessante sobre a pele. Agora é com você.
Faça um esquema das principais informações apresentadas:

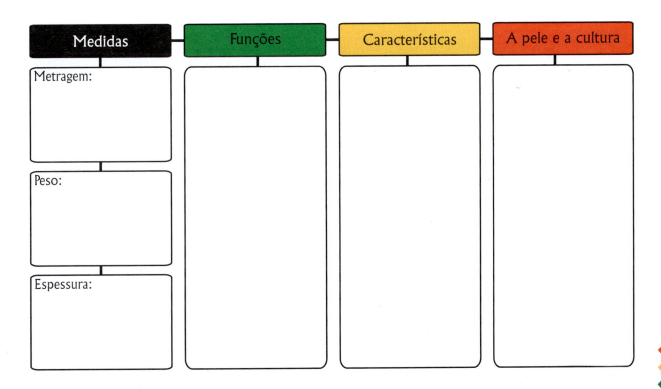

2 - Agora é com você! Com base no esquema anterior, complete o texto abaixo, aproveitando seus conhecimentos.

A nossa pele _____
_____.

Ela tem várias funções, como _____
_____.

Além de revestir o nosso corpo, a pele _____
_____.

Nossa pele é tão versátil, que serve também como expressão cultural, quando _____
_____
_____.

3 - Vamos conhecer melhor nossa pele?

Material
- 1 microscópio;
- 1 lâmina;
- tinta atóxica;
- fita adesiva.

Como fazer
- Espalhe um pouco de tinta nas costas da mão e espere secar.

- Coloque sobre a tinta um pedaço de fita adesiva transparente e aperte.

- Retire a fita e cole-a na lâmina, posicionando-a no microscópio, e observe bem.

Complete os espaços abaixo

Desenho do que observei	Relatório da observação

94

4 - Leia o texto abaixo:

A pele por dentro

Maior órgão do corpo humano, a pele cumpre tarefas importantíssimas. Por dentro, ela é cheia de vida. A camada superior da pele é a epiderme, recoberta por células mortas que descamam o tempo todo e são substituídas por outras novas. Um pouco mais abaixo, a pele é constituída por glândulas sudoríparas e os sebáceos, vasos sanguíneos e terminais nervosos que recolhem as informações processadas pelo sentido do tato. É a derme, a pele profunda. Os melanócitos produzem a melanina, colorindo sua pele.

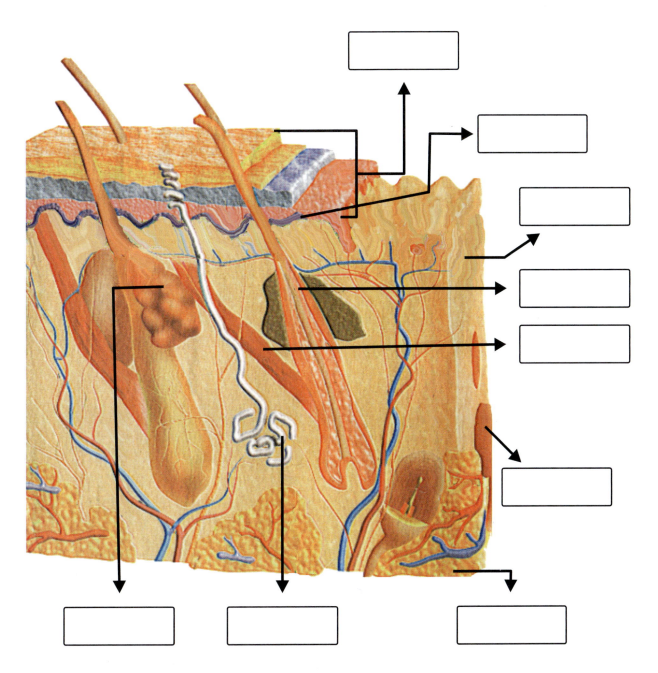

a) Após a leitura do texto, observe o desenho. Ele representa um corte de pele muito ampliada ao microscópio.

Para você completar corretamente as palavras que faltam na explicação do desenho, decifre primeiro o caça-palavras abaixo.

Y	Z	X	H	T	S	V	A	S	O	S	A	N	G	U	I	N	E	O	B
U	F	O	L	I	C	U	L	O	P	I	L	O	S	O	A	D	C	G	O
P	H	V	L	H	H	I	P	O	D	E	R	M	E	N	M	Z	K	T	H
O	V	X	D	E	R	M	E	P	I	D	E	R	M	E	R	R	W	T	F
G	L	A	N	D	U	L	A	S	S	U	D	O	R	I	P	A	R	A	S
B	B	U	Y	W	Q	M	E	L	A	N	C	O	C	I	T	O	S	G	J
A	A	G	L	A	N	D	U	L	A	S	S	E	B	A	C	E	A	S	V

b) Parabéns! Agora, é só completar o texto do desenho.

c) Que tal elaborar um texto informativo sobre o funcionamento interno da pele?

NOSSA PELE POR DENTRO...

"A COR DA PELE"

Muitas são as tonalidades de pele das pessoas. A cor da nossa pele é dada por uma substância chamada melanina. A pele de quem possui mais melanina é escura e quem tem pele clara apresenta menos melanina.

Segundo os cientistas, a variação da tonalidade de pele e de outras características físicas ocorrem devido à necessidade de adaptação biológica do ser humano ao ambiente. As populações da região tropical têm a pele escura, isto é, possuem mais melanina, que as protege contra a radiação ultravioleta do sol. Nas regiões frias, onde há pouca radiação solar, a pele clara é mais adequada para melhor absorver a luz ultravioleta.

Por desconhecer estas verdades científicas, muita gente julga as pessoas pela cor da pele. As pesquisas científicas sérias comprovam que a cor da pele não tem qualquer relação com a inteligência, bondade, responsabilidade... Apesar disso, ainda existem muitas pessoas que se acham melhores do que as outras por conta da cor da pele que têm. Isso é uma das formas de racismo!

Oficialmente, o Brasil tem uma das maiores populações negras do mundo, mas muitos negros brasileiros têm vergonha de assumir sua cor, por causa das dificuldades que passam em função do racismo existente no Brasil.

No passado, a cor da pele foi usada para justificar a escravidão e ainda existem grandes injustiças com base em ideias racistas. Racismo é crime. Está na **Constituição Brasileira!**

1 - "Texto Maluco"

		Quem?		**Faz o quê?**		**Como / Por quê?**
A	1	A cor da pele	1	tem muita	1	que a proteção contra radiação ultravioleta do sol.
B	2	A pele clara	2	possuem mais melanina	2	de adaptação biológica do ser humano ao ambiente.
C	3	A pele escura	3	é dada por uma	3	melanina.
D	4	As populações da região tropical	4	Ocorre devido à necessidade	4	substância chamada melanina.
E	5	A variação da tonalidade de pele	5	tem pouca	5	melanina.

Ordene as frases para que se forme um texto coerente:

A = _1_ + _3_ + _4_ = A cor da pele é dada por uma substância chamada melanina.

B = __ + __ + __ = _____.

C = __ + __ + __ = _____.

D = __ + __ + __ = _____.

E = __ + __ + __ = _____.

2 - Leia com atenção as frases. Coloque V nas verdadeiras e F nas falsas:

a) (___) Nas regiões frias, onde há pouca radiação solar, a pele clara é mais adequada.

b) (___) As populações da região tropical têm peles mais claras.

c) (___) A melanina não protege a pele contra a radiação.

d) (___) As pessoas, muitas vezes, são racistas por ignorarem dados científicos.

3 - Releia as frases corretas e dê sua opinião sobre elas:

_____
_____
_____
_____
_____
_____
_____
_____

4- Agora é com você! Pesquise e registre.

LEI CONTRA O RACISMO

A PELE É A ROUPA DE SEU CORPO!

Como toda roupa, a pele não só protege o corpo, como também confere a ele estilo e beleza. A embalagem perfeita da vida é também o espelho do que acontece dentro de você. Revela o estado de saúde, a idade e, até mesmo, pelas marcas de expressão, o sofrimento psíquico que, eventualmente, algumas pessoas tentam esconder. A pele veste você! Ela avisa quando está frio ou calor e se o mundo lá fora traz prazer ou dor...

Das partes do corpo, a pele é a que mais tem a ver com a vaidade. É também a que revela, de forma mais ostensiva, a ação devastadora do tempo. Na velhice, as fibras de colágeno da derme perdem a elasticidade; é aí que nascem as rugas, as quais podem explicitar, ao mesmo tempo, a fragilidade e a resistência da pele diante da passagem dos anos, porém a velhice não diminui a eficiência da pele como armadura do corpo. Ela continua a cumprir sua missão tão bem quanto na juventude.

1 - Leia o texto com atenção e retire dele duas frases interessantes. Copie-as abaixo e escreva sua opinião sobre elas.

a) Primeira frase:

_____
_____
_____
_____
_____

- Comentário:

_____
_____
_____
_____

b) Segunda frase:

_____
_____
_____
_____

- Comentário:

_____
_____
_____
_____

2 - Agora é com você! Recorte, de revistas, jornais e panfletos, gravuras que possam demonstrar os mais variados tipos de rostos de pessoas.

- Monte um cartaz.

- Por que há tantos tipos diferentes?

- Pesquise e traga hipóteses para a classe.

O CABELO "FALA" POR VOCÊ

A natureza criou os fios da cabeça para ajudar você a sobreviver. Por isso, não são um simples enfeite. Todavia, as diversas culturas os transformaram em sinal de beleza e meio de expressão.

Quando o ser humano ainda vivia em cavernas, os cabelos tinham uma função vital: proteger o cérebro do calor do sol. Nas regiões quentes e secas do planeta, eles tendiam a ser mais crespos e mais armados, formando uma cobertura protetora. Nas áreas frias e úmidas, os cabelos lisos ajudavam a escorrer a água das chuvas. O tipo do cabelo (crespo, liso ou ondulado) depende do formato do folículo onde nasce o cabelo.

Temos cerca de 100.000 fios que cobrem a cabeça e 5 milhões de pelos espalhados pelo corpo. São uma herança de nossos antepassados, que precisavam deles para aquecer a pele e se protegerem da chuva. Os pelos nascem como célula viva, mas quando chegam à flor da pele, já estão mortos. Por isso, você não sente dor na hora de cortá-los.

A cor dos cabelos depende da quantidade de melanina produzida. Os cabelos pretos contêm muita melanina e os louros, pouca. Os cabelos ruivos têm essa cor em consequência de um gene especial, responsável pela produção de um pigmento avermelhado.

A civilização, com seus chapéus e guarda-chuvas, aposentou as funções originais do cabelo, que viraram, então, símbolo de beleza, marca de identidade grupal e meio de expressão artística. Do corte rente dos militares às trancinhas africanas, pode-se manifestar muita coisa, devido ao estilo do cabelo. O cabelo "fala" por você!

1- Diante das informações acima, responda às seguintes perguntas:

a) Quais as diversas funções dos pelos?

_____
_____
_____
_____
_____
_____

b) Por que existem cabelos escuros, claros e ruivos?

_____
_____
_____
_____
_____
_____

2 - Leia com atenção as frases e marque a alternativa correta:

a) A natureza criou os fios de cabelo para:

(   ) proteger o cérebro.   (   ) enfeitar.   (   ) ajudar a sobreviver.

b) Os cabelos crespos:

(   ) formam uma cobertura protetora.   (   ) nascem como células mortas.   (   ) têm mais melanina.

c) Os cabelos claros:

(   ) têm pouca melanina.   (   ) têm muita melanina.   (   ) protegem o cérebro.

- Elabore um comentário explicativo sobre cada alternativa assinalada:

_____
_____
_____
_____
_____
_____
_____
_____
_____
_____
_____
_____
_____

3 - Trabalho em grupo:
Recortar gravuras de revistas, demostrando os vários tipos de cabelos. Apresente uma legenda explicativa sobre as características de cada cabelo representado.

4 - De acordo com o texto, o "cabelo virou marca de identidade grupal e meio de expressão". Então, monte um mural comprovando esta afirmativa por meio de fotografias, gravuras e ilustrações, para responder à seguinte questão:

- Como as pessoas se expressam pelos cabelos ao longo dos tempos (aristocratas europeus, cabelos das mulheres, **hippies, punk,** rastafári, penteados afro, **black power,** etc.)? Não se esqueça de colocar a legenda explicativa!

Pelos, unhas e glândulas

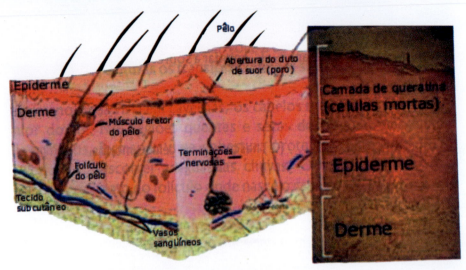

1 - Observe bem o desenho. Ele mostra como a pele é por dentro e de que forma ela é composta. Escreva, nos traços abaixo, os nomes que aparecem no desenho:

A _____   B _____

C _____   D _____

2 - Agora, mãos à obra! Complete a cruzadinha com os termos encontrados:

(1) São feitas de tecidos mortos, cheios de uma substância chamada queratina, que lhes dá resistência.

(2) Auxiliam a manutenção da temperatura do corpo, através da eliminação do suor.

(3) Têm a função de evitar a perda de calor. É por causa deles que ficamos arrepiados.

(4) Fabricam uma substância gordurosa chamada sebo, que impermeabiliza a pele.

3 - Produza um texto, usando as respostas que você obteve por meio da cruzadinha.

O PREÇO DE SER VITRINE

"A pele paga caro pelo privilégio de ser a parte mais visível do corpo. Está sujeita a mais de duas mil doenças diferentes, além dos cortes e das queimaduras. Conheça algumas delas..."

Albinismo
É uma disfunção genética. Portadores deste mal não produzem melanina.

Acne
Acontece por causa do aumento dos hormônios sexuais, que estimulam a ação das glândulas sebáceas. A produção de sebo aumenta, acumulando-se dentro do folículo piloso, provocando uma infecção.

Psoríase
São manchas causadas pela multiplicação acelerada das células da epiderme, formadora de placas que se acumulam.

Frieiras
São causadas pelos fungos; localizam-se geralmente entre os dedos dos pés.

Melanona
É uma modalidade maligna de câncer de pele. Se não for tratado no início, é quase fatal.

Vitiligo
Caracteriza-se pela falta de melanina em algumas áreas da pele.

Caspa
É o excesso da produção de placas no couro cabeludo.

Você sabia que...

A queimadura é a mais dolorosa agressão à pele. A queimadura de primeiro grau danifica somente a camada mais superficial. A de segundo grau atinge a derme e os vasos sanguíneos. A de terceiro grau danifica todas as camadas da pele.

1 - Agora, relembrando tudo o que você aprendeu sobre sua pele, escreva mensagens nos cartazes abaixo, alertando as pessoas sobre as doenças da pele:

2 - Como vimos em nossos estudos sobre a cor da pele, ela é uma das diferenças aparentes pelas quais as pessoas continuam sendo discriminadas. Você acha que a discriminação racial, baseada na cor da pele, justifica-se? Por quê?

_____
_____
_____
_____
_____
_____
_____
_____
_____
_____
_____
_____

3 - Trabalho em grupo: leia as afirmativas abaixo, retiradas dos textos que você leu...

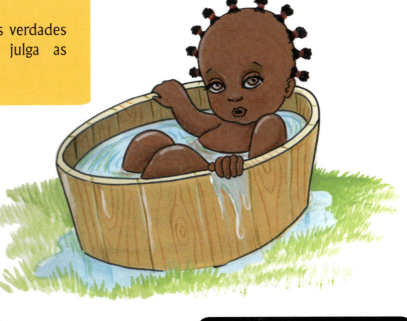

"Por desconhecerem estas verdades científicas, muita gente julga as pessoas pela cor da pele."

"Do corte rente dos militares às trancinhas africanas, pode-se manifestar muita coisa, devido ao estilo do cabelo."

"Oficialmente, o Brasil é o segundo país de maior população negra do mundo."

"As várias características externas do ser humano, como cor da pele, formato do nariz, os pelos, não passam de formas de se adaptar às condições ambientais."

4 - Agora, organize um debate na sala de aula. Se preferir, aproveite as seguintes sugestões:

a) Divida a turma em quatro grupos.

b) Cada grupo terá um orador e um redator.

c) Cada grupo deverá discutir entre si a afirmativa que receber do professor(a).

d) O grupo discutirá sobre a ideia apresentada na afirmativa que receber e o redator anotará as conclusões a que todos chegaram.

e) O orador apresenta para a turma as ideias do grupo.

f) Logo após o debate, elaborar um texto coletivo sobre as conclusões apresentadas pelos grupos.

Sou Negro

Sou negro,
meus avós foram queimados
pelo sol da África,
minha alma recebeu o batismo dos tambores,
atabaques, gonguês e agogôs.

Contaram-me que meus avós
vieram de Luanda
como mercadoria de baixo preço,
plantaram cana pro senhor do engenho novo
e fundaram o primeiro Maracatu.

Depois meu avô brigou como um danado
nas terras de Zumbi.

Era valente como quê.
Na capoeira ou na faca
escreveu não leu,
o pau comeu.
Não foi um pai João
humilde e manso.

Mesmo vovó
não foi de brincadeira.
Na guerra dos Malês
ela se destacou.

Na minh'alma ficou
o samba,
o batuque,
o bamboleio
e o desejo de libertação...

Atividades:

Vamos entender melhor este poema?
Procure, no dicionário, o significado das palavras:

| ÁFRICA | MARACATU | MALÊS | ENGENHO |
| GONGUÊS | AGOGÔS | BAMBOLEIRO | ATABAQUES |

Agora é com você!
Complete a ficha abaixo com informações sobre o poema lido.

Título: _____
Nome do autor: _____
- De que trata o poema? _____
_____
_____
_____
_____

Vamos entender melhor o poema?

Este poema mostra, em suas estrofes, um resumo da trajetória do povo negro. Vamos tentar descobrir como foi? Para tal, copie, em frente de cada situação, os versos que melhor contam cada parte dessa história.
_____
_____
_____
_____

Origem dos negros:
_____
_____
_____
_____

Como foram trazidos e o que faziam no Brasil:
_____
_____
_____
_____

Herança dos antepassados negros para a geração atual:
_____
_____
_____
_____

1 - Os negros escravos deixaram também, como herança para todos nós, o espírito de luta e o desejo de libertação. Discuta com o seu grupo como o povo descendente de africanos, em especial, também chamado de afro-brasileiro, deve lutar para a sua verdadeira libertação?
_____
_____
_____
_____
_____

2 - Em sua opinião, além da herança mencionada no poema, o que mais o povo africano fez pelo Brasil?

3 - Veja, no mapa, de que regiões da África provinham os escravos trazidos para o Brasil...

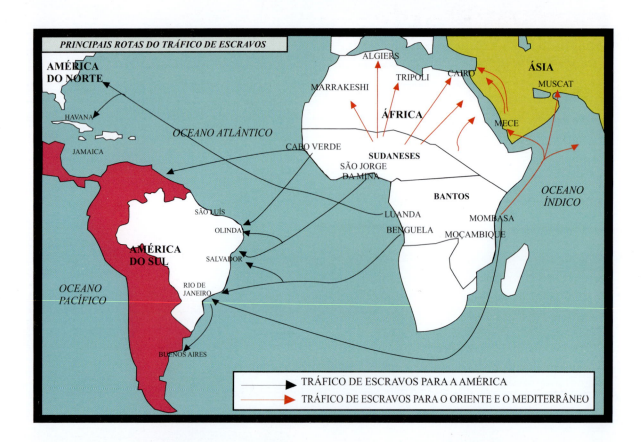

a) Colorir o mapa de acordo com a legenda:

        Laranja   Sudaneses   Verde   Bantos

Após a leitura do mapa, responda:

b) O Estado onde você mora recebeu escravos? De onde vieram?

_____
_____
_____
_____

Os povos africanos contribuíram significativamente para todos os setores da vida brasileira. O português falado no Brasil conta com palavras de origem banto/nagô. Com a ajuda de seu(a) professor(a), pesquise palavras originadas de outras culturas e monte um pequeno glossário. Não se esqueça de ilustrar!

Teatro
"A Resistência Negra"

Rosa Margarida

Personagens	Figurino	Observação
Narrador		Voz forte. Leitura boa e firme. Ler como um "contador de história".
Bobo da Corte	Um macacão de cetim de duas cores. Um chapéu de arlequim cheio de guizos que deverão estar nos punhos e tornozelos.	Deverá ser o contraponto. É o ponto de ligação entre o narrador e as apresentações. Deverá ser engraçado e representar com entusiasmo.
Grupo de dança afro	Túnica ou panos de desenhos étnicos.	
Orixás	A roupa característica de cada orixá escolhido.	Escolher dois ou três orixás apenas, para representar a religiosidade afro-brasileira.
Grupo de capoeira	Meninos sem camisa, com calças brancas (abadas) e descalços.	
Governador Souto Maior	Roupa de época (adaptada).	
Bandeirante Domingos Jorge Velho	Camisa de mangas compridas, calça **jeans**, botas de cano alto, chapéu de couro e espingarda nas mãos.	

NARRADOR: Vou contar para vocês uma história que foi por muito tempo esquecida pelos livros. Mas agora vou resgatá-la para o bem de todo o povo brasileiro. Esta história conta sobre nossas origens, nossas raízes.

No dia 20 de novembro, comemoramos mais um aniversário da morte do líder brasileiro Zumbi dos Palmares, símbolo da resistência do povo negro brasileiro.

Toque de berimbau ou "Zambi", de Edu Lobo/Vinícius de Morais. Coleção **Grandes Compositores da Música Popular Brasileira**.

Entra o bobo da corte aos pulos e conversa com o narrador e a plateia ao mesmo tempo.

BOBO DA CORTE: Zumbi dos Palmares, resistência?
Esclareça, minha cara senhora,
conte-me logo esta história
que agora eu quero saber!
Eu não fugi da escola!
Mas esta não me contaram.
Ou este herói não existe
ou não é da grande elite
ou alguém quer esconder,
vamos ver!
Conte, conte, conte logo!
Que agora toda esta gente
está querendo saber!

(Toque de atabaque.)

Entra o grupo de dança afro e faz uma pequena coreografia. O grupo continua no palco, assentado.

NARRADOR: A história do povo negro brasileiro é uma história sofrida, cheia de lutas e sofrimentos; porém os negros não se resignaram com a escravidão. Mostraram sua insatisfação de várias formas. Eles não permitiram que os senhores acabassem com sua cultura!

(Entra o grupo de capoeira, fazendo uma pequena apresentação. O grupo de dança afro se junta a eles, formando a roda de capoeira, batendo palmas. Acaba a apresentação do grupo, toca-se uma música de atabaque e entram três orixás dançando. O grupo faz reverência aos orixás e se afasta para o fundo do palco. Os orixás fazem uma pequena apresentação e se juntam ao grupo no fundo do palco. Rufa-se o atabaque e todo o grupo dá um passo à frente e fala um verso.)

GRUPO DE CAPOEIRA: "Ninguém pode negar que o negro é
muita força, fé e raiz,
tem quem negue o que o negro quer,
liberdade é o que sempre quis."

(Sai todo o grupo do palco.)

BOBO DA CORTE: Que povo danado é este!
Esta história eu não sabia.
Na escola, o que me contaram
é que eles se resignaram
ao seu bondoso senhor!
Essa história me interessa:
o que mais que este povo fez?
Pra deixar no coração
um ponto de ligação
com sua terra natal.
Pra sofrer e não chorar,

> pra trabalhar e lutar,
> pra resistir e viver!
> Conte logo, minha senhora,
> estamos querendo saber!

NARRADOR: Nesta luta constante, neste esforço de resistência, muitos negros fugiram dos maus-tratos e da infâmia da escravidão, formando aldeias. Estas aldeias foram chamadas quilombos. Vários quilombos se formaram por este Brasil afora. O mais importante deles foi o Quilombo dos Palmares. Ele foi tão importante, que constituiu uma ameaça ao poder colonial...

(Entram em cena o governador e o bandeirante.)

GOVERNADOR: Meu caro Domingos Jorge Velho,
> ando deveras preocupado.
> Este Quilombo dos Palmares
> está me tirando o sono!
> Não é que esta negrada
> conseguiu construir
> naquela mata cerrada
> uma terra de prosperidade!
> Plantaram milho, feijão e mandioca,
> frutos de toda qualidade, e vendem o
> que sobra da produção!
> Atenção!
> Todo cuidado é pouco.
> Estão construindo outra nação?

BANDEIRANTE: Senhor governador,
> é o que ando a ouvir!
> Para lá estão sendo atraídos
> brancos pobres e índios.
> E me disseram também
> que o trabalho
> é todo feito em conjunto.
> Depois dividem igualmente
> o fruto do seu labor.
> Tem também um chefe guerreiro
> que é chamado Zumbi.
> Senhor governador,
> este eu quero destruir!

GOVERNADOR: Então, tem minha ordem!
> Arrase logo Palmares!
> Mate toda a negrada,
> e morto me traga Zumbi!

BOBO DA CORTE: (Em tom triste)
> É, minha senhora,
> pois é, meus caros senhores,
> a corte ficou furiosa!
> Palmares era séria ameaça
> à violência e à trapaça
> do poder colonial.
> Acabem logo com isso!
> Foi esta a ordem dada,
> Palmares representava
> aquilo que o povo queria!

Branco, negro, índio, gente
vivendo feliz, igualmente
em uma nação democrática!

NARRADOR: Palmares foi, sem dúvida, o mais importante movimento de resistência escrava no Brasil. Formou-se um verdadeiro estado negro nas entranhas do País. Uma nação com reis, chefes militares, prescrições sociais, economia diversificada e liberdade! Palmares foi destruído. Mais tarde, Zumbi foi morto.

(Toque fúnebre de atabaque. Os grupos vão entrando silenciosamente de cabeça baixa e formam fileiras enchendo o palco.)

(Toque acelerado de alegria do atabaque. O grande grupo vai levantando a cabeça à medida que alguns integrantes dão um passo à frente e falam em tom alto e forte.)

DANÇARINO: Zumbi foi morto , não sem resistência. Lutou até o fim , mesmo ferido.

ORIXÁ: Morto, Zumbi virou mito indestrutível! Entrou para a história como símbolo da resistência e da luta pela liberdade!

CAPOEIRISTA: Palmares foi destruído apenas enquanto quilombo, mas não como exemplo de luta pela liberdade!

BOBO DA CORTE: Após trezentos anos de sua morte, a memória de Zumbi permanece viva em cada homem e mulher que, independentemente de sua cor e sua raça, sonham com um mundo sem injustiça.

TODOS: Somos filhos de Zumbi! Viva Palmares! Valeu, Zumbi!

(De mãos dadas para o alto).

FINAL: Ao som da música **Força, fé e raiz** (Arlindo Cruz), do Grupo de Pagode "Fundo de Quintal", todos os participantes dançam como nos grupos de afoxé.

13 de Maio

Era 13 de maio. Ivan levantou-se cedo, foi até ao tanque e fez a sua higiene matinal. A água fria já não o incomodava tanto quanto há alguns anos, tempo em que estava na primeira série da escola e sua mãe lhe acordava à força para fazer a mesma coisa que estava fazendo agora, com tanto prazer!

Nesse momento, ele já sabia a importância disso!

Ele sentia que, com o passar do tempo, podia ver tudo com maior clareza! Como diria sua mãe: "Está começando a virar gente!"

Foi se lembrando dessas coisas que ele começou a pensar que tudo na vida deveria ser assim: primeiro a gente compreende a importância das coisas, depois a gente dá a elas o seu devido valor."

Ivan estava na 5ª série. Sua primeira aula seria de História. Naquele dia, ele estava ansioso. Era costume o professor falar sobre a data comemorativa do dia. E, aquele era o dia 13 de maio...

Ivan, um negrinho curioso e esperto, tinha ouvido falar que a história da Abolição da Escravatura não estava bem contada. Ele queria mesmo conhecer a verdade!

Um amigo lhe havia dito que seus ancestrais negros é que fizeram o progresso do Brasil no tempo da Colônia e que foram os primeiros trabalhadores explorados desta terra. Ele não sabia nada disso!

O amigo lhe falara de um tal Zumbi, que foi um negro danado de forte e inteligente, que lutou muito contra a escravidão nas terras de Palmares. Ele nunca tinha ouvido falar! Ele estava se sentindo passado para trás! Por que o seu amigo sabia de tudo aquilo e ele não?

Mas, naquele dia, com certeza ele ficaria sabendo de tudo!

O professor entrou na sala. Os olhos de Ivan tinham um brilho diferente, seu coração batia acelerado; afinal, iria ser emocionante como filme de mocinho e bandido. Certamente, ele iria falar da importância de Palmares, dos líderes negros que sobressaíram na luta pela liberdade dos escravos e da bravura desse povo resistente ao massacre de sua cultura! Que orgulho sentiria de ser negro também!

E, naquele momento, veio à sua cabeça o que ele havia descoberto pela manhã: só se dá valor a alguma coisa quando se conhece a importância que ela tem...

Uma esperança brotou no coração de Ivan...

Os apelidos...

As gozações...

O desrespeito...

Quem sabe?

Mas o professor entrou na sala e disse apenas:

– Copiem nos cadernos:

> Hoje é 13 de maio.
> Salve a Princesa Isabel!
> Ela deu a liberdade aos escravos!

E a história verdadeira? E a luta de seus ancestrais? E os líderes negros? E Palmares?

O brilho dos olhos de Ivan se apagou, mas a esperança de saber de sua história, não!

Terminada a aula, ele foi procurar o seu amigo do Projeto.

(*Rosa Margarida*)

Leia com atenção este texto e responda:

1 - Lendo o texto, você pode conhecer várias características de Ivan. Escreva o que você achou desse personagem.

_____
_____
_____

2 - Leia o terceiro parágrafo e explique-o:

_____
_____
_____

3 - Em suas lembranças, naquela manhã, Ivan descobriu uma lição de vida. Por quê?

_____
_____
_____

4 - Segundo o texto, por que Ivan estava ansioso naquele dia?

_____
_____
_____

5 - Por que Ivan se sentiu passado para trás?

_____
_____
_____

6 - Ivan não conhecia bem a história e a contribuição do povo negro para o progresso do Brasil. E você, conhece? Pesquise, discuta com seus colegas e justifique as situações:

a) Os negros fizeram o progresso do Brasil, porque ...

_____
_____

b) Zumbi é um líder brasileiro, porque ...

_____
_____

c) Em sua opinião, por que aquele dia era tão importante para Ivan?

_____
_____
_____
_____

7 - Você também acha que isso é importante? Justifique sua resposta.

_____

_____

_____

8 - [...] Só se dá valor a alguma coisa quando se conhece a importância que ela tem..."
Comente o sentido desta frase em relação à história do povo negro brasileiro:

_____

_____

_____

9 - Segundo o texto, as esperanças de Ivan foram concretizadas naquele dia? Por quê?

_____

_____

_____

Agora é com você!

a) Você concorda com as frases que o professor escreveu no quadro? Justifique sua resposta.

_____

_____

_____

b) Conhecer a história do povo negro do Brasil é importante para todos os brasileiros. Converse com o(a) professor(a), discuta com os colegas e registre sua opinião sobre a afirmativa acima.

_____

_____

_____

_____

_____

_____

Texto Maluco

Objetivos:
- Organizar logicamente as partes de um texto.
- Adquirir conhecimento sobre a resistência negra.
- Possibilitar debates e reflexões.

Material necessário: uma folha contendo o texto.

Preparação:

- Dividir a classe em duas equipes competidoras.
- Dividir o quadro de giz em duas partes (uma para cada equipe).

Desenvolvimento:

- Distribuir entre as equipes os pedaços do texto que deverá ser recomposto.
- Ao sinal combinado, cada equipe começará a montar o texto corretamente, ordenando, com lógica, suas partes.
- Ganhará a equipe que conseguir montar o texto primeiro e apresentar sequência correta para toda a turma.

Texto Maluco
A Resistência Negra

A cada dia 20 de Novembro, a população brasileira, em especial a comunidade negra, relembra o líder guerreiro Zumbi.

Ele foi o último chefe do Quilombo dos Palmares.

Os quilombos brasileiros foram a principal forma de resistência organizada dos negros contra a escravidão.

Após a abolição da escravatura, o povo negro foi lançado à sua própria sorte.

Em uma situação de miséria absoluta, o povo negro começa a se organizar, por meio de várias associações para combater o preconceito e a discriminação racial.

Fundaram clubes sociais, grupos de capoeira, grupos de cultura popular, grupos políticos, como a Frente Negra Brasileira, grupos artísticos, como o Teatro Experimental do Negro, e jornais, como **O Clarim da Alvorada** e **A Voz da Raça**, para combater o preconceito e a discriminação racial.

A história da resistência negra não foi contada pela história oficial até 1978, quando o Movimento Negro conseguiu transformar a morte de Zumbi em Dia Nacional da Consciência Negra.

A história dessa resistência continua a ser construída na atualidade.

Esse povo agora deseja que sejam implantadas políticas públicas de promoção da igualdade. Os negros brasileiros desejam, portanto, efetivar as possibilidades de conquistar seus direitos como cidadãos!

Após a competição entre as equipes, leia mais uma vez o texto, copie-o no caderno e faça uma ilustração...

A RESISTÊNCIA NEGRA

Nos textos apresentados, você ficou conhecendo algumas coisas sobre a história da resistência negra brasileira contra a escravidão.
Agora é com você! Preencha os quadros abaixo, completando o esquema sobre esta história.

A história da resistência negra

Como escravos

Após a abolição

Atualmente

117

TEXTO LACUNADO

1- No texto abaixo, faltam palavras para que você possa compreender perfeitamente o conteúdo. Procure, no caça-palavras, aquelas que completam corretamente o sentido do texto.

Afrodescendentes e Cidadania

A população _____ entra pelo século XXI sem o exercício efetivo de sua _____, em posição de desvantagem econômica e social em relação ao restante da população. A dificuldade de acesso à educação, à saúde, a melhores _____ e a empregos no mercado de _____ tem mantido o processo de exclusão vivido por esta população desde o Brasil _____.

A participação brasileira, em 2001, na III Conferência das Nações Unidas Contra o Racismo, a Xenofobia e a Intolerância Correlata foi uma excelente oportunidade para enriquecer os debates sobre o _____ no País.

A delegação brasileira, composta por mais de 600 representantes, não conseguiu ver todas as suas reivindicações _____ , mas alguns avanços nesta luta do povo negro aconteceram:

- aprovação de medidas para beneficiar vítimas de _____;
- consideração da _____ e do tráfico de escravos crimes contra a humanidade;
- instituição oficial da expressão "descendência africana".

A luta contra o racismo continua. O governo reconheceu oficialmente a grande dívida histórica que tem com a população _____ do País. As estatísticas apresentadas pelos órgãos e institutos de pesquisa (IBGE, IPEA, PNAD) mostram claramente a _____ desta população.

A nossa **Constituição** diz: "Todos são iguais perante a _____". Mas não basta estar escrito; é necessário criar condições para que todos tenham igualdade de _____.

(Almanaque Brasil - 2002)

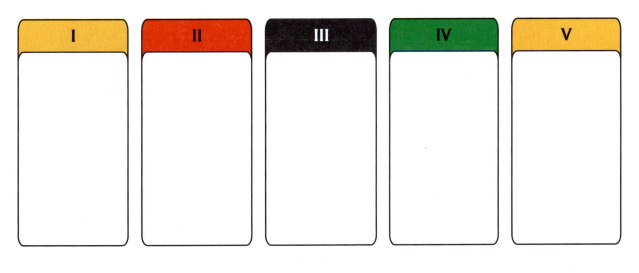

O	A	X	T	V	C	O	L	O	N	I	A	N	G	D	Ç	Y
P	P	M	R	I	I	A	T	S	T	Y	R	T	T	V	Y	P
O	R	O	A	C	D	B	R	A	C	I	S	M	O	V	Y	T
R	O	N	B	R	A	S	I	L	E	I	R	A	A	X	W	P
T	V	P	A	I	D	U	A	Á	E	T	O	E	T	A	K	S
U	A	L	L	H	A	L	T	R	N	E	G	R	A	P	Z	V
N	D	E	H	I	N	C	I	I	O	A	T	O	I	Ç	F	B
I	A	I	O	N	I	D	A	O	E	X	C	L	U	S	Ã	O
D	S	Q	J	A	A	E	E	S	C	R	A	V	I	D	Ã	O
A	U	R	K	Ç	H	F	N	D	D	T	A	D	A	R	U	L
D	V	S	L	Ã	I	G	C	O	O	Y	T	O	E	T	I	I
E	A	F	O	D	E	S	C	R	E	N	D	E	N	T	E	H
S	A	F	R	D	I	S	C	R	I	M	I	N	A	Ç	Ã	O

1. Negra
2.
3.
4.
5.
6.
7.
8.
9.
10.
11.
12.
13.

2 - Imagine que você será convidado, como representante de sua escola, para a próxima conferência contra o racismo. Reúna seu grupo de trabalho e discuta quais seriam as cinco principais reivindicações que vocês apresentariam no evento e registre-as abaixo:

I	II	III	IV	V

DESAFIO

Desafio

Objetivo:

Competição entre equipes, gincana. Através do lúdico, trabalhar conhecimentos relativos à cultura negra e decifrar palavras para completar um texto que poderá servir como suporte para variados tipos de trabalhos, como debates, ilustrações, confecção de cartazes, etc.

Material necessário:

Três cópias de um mesmo texto digitado, com cada parágrafo em uma folha.

Desenvolvimento:

Ao sinal combinado, as equipes terão que decifrar as palavras, escrevê-las nos lugares corretos e montar o texto, ordenando-o na sequência lógica.

Preparação:

Dividir a turma em três grupos, que irão competir entre si.

Distribuir as cópias para cada equipe.

Decifre corretamente as palavras que estão escritas com as sílabas trocadas e escreva-as completando o texto.

ESVICRAZADOS **ÃOJO DICÂNDO**

ZOBAN **BLECAMDON** **CISMORA** **BIZUM**

RETENSISCIA GRANE **LUZAI HINMA** **NETUGRIDE**

A SAUDADE DA ÁFRICA ERA TÃO GRANDE QUE OS ESCRAVOS ERAM ACOMETIDOS DE _____.

NO BRASIL, NÃO EXISTEM LEIS SEGREGACIONISTAS E _____ É CRIME, MAS O POVO NEGRO VIVE EM SITUAÇÃO DE DESIGUALDADE E EXCLUSÃO EM RELAÇÃO À POPULAÇÃO BRANCA.

A _____ _____ TAMBÉM ACONTECEU ATRAVÉS DE FUGAS, SUICÍDIOS, ASSASSINATOS DE SENHORES E FEITORES, PARALELAMENTE À FORMAÇÃO DE QUILOMBOS.

MUITOS NOMES IMPORTANTES DESTA HISTÓRIA, COMO_____ _____AINDA NÃO SÃO CONHECIDOS POR TODOS OS BRASILEIROS.

O _____ FOI UMA RELIGIÃO QUE REPRESENTOU, PARA OS NEGROS ESCRAVIZADOS, UMA RESISTÊNCIA CULTURAL.

A VERDADEIRA _____ DO POVO NEGRO AINDA NÃO FOI CONTADA CORRETAMENTE PELA HISTORIOGRAFIA OFICIAL BRASILEIRA.

A VALORIZAÇÃO DA _____ TEM SIDO UMA DAS ESTRATÉGIAS ESCOLHIDAS PELOS MOVIMENTOS SOCIAIS NEGROS PARA A ELEVAÇÃO DA CONSCIÊNCIA DA COMUNIDADE NEGRA NA LUTA CONTRA O RACISMO.

NO SÉCULO XVI, ARRANCADOS DE SUA TERRA, OS AFRICANOS FORAM _____ E TRAZIDOS PARA TRABALHAR NO BRASIL.

MUITOS QUILOMBOS FORAM FORMADOS E _____ FOI O ÚLTIMO CHEFE GUERREIRO DO QUILOMBO DOS PALMARES.

Brincando com símbolos africanos

A África é o berço da civilização mundial. Os cientistas comprovaram que a história da humanidade começou na África. Os africanos estão entre os primeiros povos a desenvolver a escrita. Além dos hieróglifos egípcios, existem inúmeros sistemas de escrita desenvolvidos por povos africanos antes da invasão muçulmana que introduziu a escrita árabe. Dentre esses vários tipos de sistema de escrita, temos o pictográfico, o fonológico (alfabeto ou silábico) e a escrita por meio de objetos. No Egito, foram desenvolvidos alguns princípios da Anatomia ligada à Medicina, eles já sabiam fazer cirurgia, Astronomia, Arquitetura, Engenharia e Matemática. Poderosas civilizações foram descobertas no continente. Os estados políticos africanos, em pleno desenvolvimento durante séculos antes da invasão europeia, chegaram a se constituir em grandes impérios, como o Mali, nos séculos XII e XIV. A cultura africana é muito rica e nos inluencia desde que os primeiros navios chegaram aqui no Brasil.

Entre as inúmeras e variadas tradições africanas, encontra-se o uso de provérbios. Muitos deles são expressos por meio de símbolos. O sistema de símbolos e conceitos transmitidos ainda se expressa por ideogramas ou objetos. Pertencem a um conjunto de símbolos gráficos chamados Adinkra. Conheça alguns:

FAFANTO:
Símbolo da ternura, carinho, honestidade e fragilidade. Provérbio: "A borboleta pode esvoaçar ao redor de um pote de vinho, mas não irá tomá-lo, uma vez que não poderá pagar por ele".

ASASE YE DURU:
Símbolo da providência e da divindade da mãe terra. Provérbio: "A terra é mais forte do que o mar".

AKOMA:
Símbolo do amor, paciência, doação, lealdade e perseverança.

NSAA:
Símbolo de majestade, sinceridade, autenticidade.

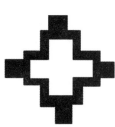
ABAN:
Símbolo de fortaleza assento do poder, autoridade e magnificência.

NSOROMMA:
Símbolo do patrocínio, lealdade ao ente supremo e confiabilidade. Provérbio: "Como a estrela, filha do ser supremo, eu dependo de Deus e não de mim mesmo".

KRAMO BONE:
Símbolo de alerta contra a fraude e a hipocrisia.

TABONO:
Símbolo de fortaleza, confiança e persistência.

ANI BRE A ENSO GYA:
Símbolo de paciência, autodomínio, autodisciplina e autocontrole.

FIE MMOSEA:
Símbolo de cautela contra conflitos domésticos, competição interna e conflitos internos. Provérbio: "Se o seu pé é ferido por pedras, elas podem ser como aquelas que compõem a sua própria casa".

UNSUM:
Símbolo de pureza espiritual e santidade da alma.

HWEHWEMUDUA:
Símbolo de excelência, perfeição, conhecimento e qualidade superior.

NKURUMAH KESE:
Símbolo de grandeza e de superioridade.

WAWA ABA:
Símbolo de solidez, perseverança.
Dito popular: "Ele é tão forte quanto as sementes da árvore de wawa".

NKYIMU:
Símbolo de precisão e de habilidade.

KRAPA OU MUSUYIDE:
Símbolo da fortaleza, santidade e espírito divino. Fortaleza espiritual.

BESE SAKA:
Símbolo da opulência, poder, abundância, companheirismo e unidade.

PEMPAMSIE:
Símbolo de prontidão, firmeza, valor e coragem.

NYAME NWU NA MAWU:
Símbolo da onisciência e onipresença de Deus, da infinitude da alma humana de antiguidade.

KURONTI NE AKWAMU:
Símbolo de habilidade, inteligência e estratégia.

VAMOS BRINCAR COM ALGUNS SÍMBOLOS AFRICANOS?

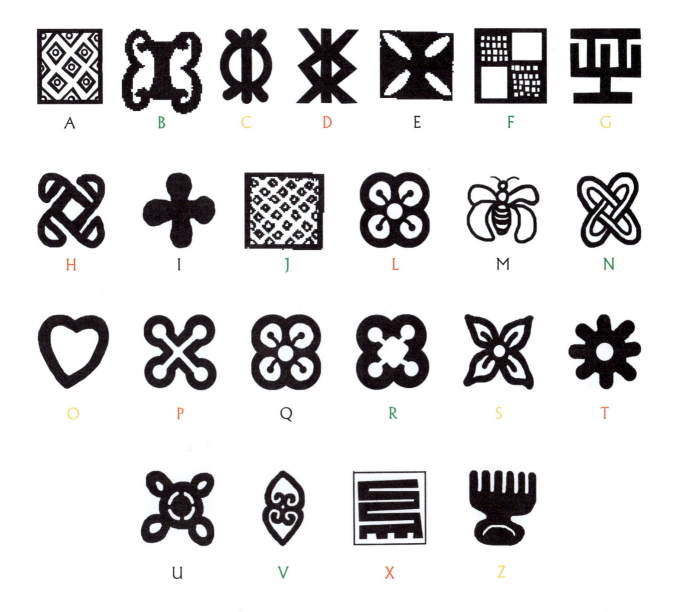

Com o Acordo Ortográfico 2009, as letras K, W e Y foram incorporadas oficialmente ao Alfabeto da Língua Portuguesa.

1 - Vamos brincar, associando cada símbolo africano a uma letra de nosso alfabeto. Decifre a frase deste enigma!

_____   _____

_____

_____

_____   _____

_____   _____

2 - Agora, utilize esta frase que você decifrou como um tema para a produção de texto.

_____
_____
_____
_____
_____
_____
_____
_____

CAÇA-PALAVRAS

No caça-palavras abaixo, você encontrará termos relacionados à história e à cultura negra. Identifique-os e procure completar corretamente as frases seguintes:

D	A	T	D	B	J	Q	U	A	R	I	T	E	R	E	F	R	I	O
E	I	E	O	X	R	I	E	R	E	T	R	O	E	P	E	V	U	D
A	F	S	N	O	O	B	F	O	D	O	V	I	A	E	A	D	S	S
P	T	O	C	H	I	B	A	T	A	B	A	M	P	A	P	T	A	V
I	O	B	L	R	I	O	C	R	F	M	U	I	I	P	I	X	C	S
I	A	R	D	T	I	R	V	P	R	I	O	T	I	I	I	U	O	I
E	U	E	E	R	E	M	U	O	I	P	R	T	V	R	O	E	H	A
A	M	S	S	E	A	U	I	P	C	A	N	D	O	M	B	L	E	O
M	D	U	O	N	I	L	P	N	A	I	G	D	M	A	U	F	F	L
E	N	H	D	E	Y	D	T	I	A	O	B	I	S	E	G	T	D	F
F	T	E	E	Y	A	D	S	S	U	C	U	O	I	A	N	O	O	B
U	L	R	Y	A	H	V	E	D	M	R	A	P	C	P	F	A	A	S
A	E	P	R	E	C	O	N	C	E	I	T	O	A	I	S	U	C	N
A	D	S	U	R	A	C	A	R	A	J	E	B	R	I	L	M	I	T
E	R	E	O	X	R	I	O	N	O	O	B	S	T	A	O	I	E	F
P	O	M	U	L	U	R	E	N	D	O	M	N	M	T	C	O	O	H
E	G	C	S	D	B	R	Y	A	H	V	E	D	M	R	I	I	F	J
D	R	M	I	S	C	I	G	E	N	A	C	A	O	W	T	N	A	I
G	A	C	U	E	R	E	O	X	R	I	O	A	E	P	B	D	O	L

A _____ é o berço da civilização mundial e o terceiro continente em extensão do planeta.

O _____ é uma religião afro-brasileira que, durante muito tempo, foi visada, perseguida e proibida pelas autoridades do Brasil.

_____ é o cruzamento inter-racial.

_____ são divindades das religiões afro-brasileiras.

_____ é o nome de um quilombo que existiu em Cuiabá.

_____ é o orixá da doença (da varíola e das pestes).

_____ é uma comida afro-brasileira feita com feijão fradinho e camarão.

A Revolta da _____ foi liderada pelo Marinheiro João Cândido. Seu ideal era acabar com o castigo físico que existia na Marinha Brasileira.

_____ é o sobrenome do líder que ficou trinta anos preso por não concordar e lutar contra o regime racista do **Apartheid** na África do Sul.

_____ é uma ideologia que prega a superioridade de uma raça.

_____ é um tratamento depreciativo dado a pessoas de determinada raça.

_____ é um conceito elaborado preliminarmente, sem pleno conhecimento da pessoa, fato ou ação.

Afroteca

Se a primeira alternativa for a correta, marque a coluna 1.
Se a Segunda alternativa for a correta, marque a coluna 2.
Se as duas alternativas estiverem corretas ou incorretas, marque a coluna do meio.

		1	X	2
A	É a doutrina que prega a existência de raças inferiores e superiores: 1. Racismo 2. Comunismo	☐	☐	☐
B	É o nome dado à saudade mortal que os escravos sentiam da África: 1. Banto 2. Banzo	☐	☐	☐
C	Revolta dos Malês lembra... 1. Luiza Mahin 2. Dandara	☐	☐	☐
D	Chefe guerreiro do Quilombo dos Palmares: 1. Zumbi 2. Ganga Zumba	☐	☐	☐
E	A Revolta da Chibata foi: 1. Uma rebelião de marinheiros brasileiros 2. Revolta dos quilombos	☐	☐	☐
F	"Negro de alma branca" é: 1. Uma expressão racista 2. Negro que é bom	☐	☐	☐
G	Existe no Brasil: 1. Discriminação de raça 2. Discriminação de classe	☐	☐	☐
H	Mulher negra, líder de Quilombo: 1. Teresa de Quariterê 2. Aqualtume	☐	☐	☐
I	Cumprimento na língua iorubá: 1. Axé 2. Nagô	☐	☐	☐
J	A III Conferência Mundial contra o Racismo, a Xenofobia e Formas Correlatas de Intolerância foi realizada: 1. No Rio de Janeiro (Brasil) 2. Em Durban (África da Sul)	☐	☐	☐
K	A população negra brasileira representa: 1. Cerca de 20% da população 2. Cerca de 45% da população	☐	☐	☐
L	Quantidade de africanos que foram trazidos da África como escravos para o Brasil no século XVI: 1. Dois milhões 2. Quatro milhões	☐	☐	☐

Sugestões de Atividades de Extrapolação

Correção do jogo com os alunos, esclarecendo mais alguns pontos importantes sobre a alternativa correta.

Dividir a turma em grupos e cada grupo deverá assumir alternativas (de acordo com o número de grupos formados), para fazer uma pesquisa sobre o assunto, que deverá ser apresentado à classe.

Propor um desafio aos alunos para escolherem seis alternativas corretas e construírem, com elas, um texto.

Transformar as alternativas corretas em títulos para um painel ilustrado sobre a questão racial.

JOGO DO STOP

Objetivo:
Proporcionar aos participantes oportunidades de maior conhecimento sobre a cultura negra brasileira, por meio de atividades lúdicas.

Material necessário:
- Livro **Alfabeto Negro**;
- Folha mimeografada, com o "Jogo do **Stop**" (veja modelo);
- Fichas com as tarefas da gincana;
- Mapa-Múndi, folha de papel craft e canetinhas.

Preparação:
- Subdividir a turma em quatro equipes;
- Distribuir a folha mimeografada "Jogo do **Stop**" para cada equipe;
- Com a folha mimeografada "Jogo do **Stop**", cada equipe deverá ficar de posse de uma das tarefas de extrapolação para executá-la;
- Ganhará pontos a equipe que conseguir apresentar mais rapidamente os resultados da tarefa aos colegas de turma.

Desenvolvimento:
- Ao sinal dado pelo professor, as equipes deverão preencher o "Jogo do **Stop**", escrevendo palavras de acordo com o solicitado, retiradas do livro **Alfabeto Negro**;
- Ganhará o "Jogo do **Stop**" a equipe que conseguir preencher a folha primeiro.

JOGO DO STOP

Palavras iniciadas com as letras	Sentimentos	Lugares	Pessoas
E			
M			
S			
D			
R			
L			

JOGO DO STOP
Tarefa de extrapolação

Grupo: "PALAVRAS"

Escolher algumas palavras e montar um pequeno texto sobre a questão racial no Brasil, a ser apresentado em forma de jogral aos colegas.

JOGO DO STOP
Tarefa de extrapolação

Grupo: "PESSOAS"

Escolher dois personagens e falar sobre eles para o grupo.

JOGO DO STOP
Tarefa de extrapolação

Grupo: "SENTIMENTOS"

Montar um poema, acróstico, paródia ou **rap**, usando as palavras encontradas no jogo. O tema deverá ser a situação do povo negro brasileiro.

JOGO DO STOP
Tarefa de extrapolação

Grupo: "LUGARES"

Localizar, no Mapa-Múndi, o maior número de lugares encontrados no livro e apresentar aos colegas algumas características de cada local.

Bingo Negro

Objetivo:
Possibilitar maiores conhecimentos sobre a cultura negra, por intermédio de personalidades, palavras e expressões ligadas a ela.

Material necessário:

- Livro **Alfabeto Negro**;

- Cartelas do Bingo Negro (10 cartelas);

- Fichas do Bingo Negro (palavras retiradas do glossário do **Alfabeto Negro**);

- Feijões, milho ou qualquer objeto que sirva para marcar as cartelas.

Preparação:
Distribuir as cartelas do Bingo Negro para cada equipe, que deverá estar com o livro **Alfabeto Negro** em mãos.

Desenvolvimento:

- O condutor da atividade deverá segurar os saquinhos já contendo as palavras recortadas das fichas do Bingo Negro. Sorteada a palavra, os jogadores marcam (olhando no glossário do livro), no Bingo Negro, o que se refere àquele termo;

- Ganhará o jogo a equipe que conseguir completar a cartela, ou a fileira horizontal ou vertical, conforme o combinado previamente.

Cartela 1

Imagem ou conceito positivo de si próprio.	Músico popular e pintor autodidata brasileiro, é autor da canção **Pierrô Apaixonado**.	Religião de origem africana que cultua os Orixás.
Um dos maiores escritores da língua portuguesa. Criado no Morro do Juramento, no Rio de Janeiro, escreveu **Dom Casmurro**.	Orixá do Trovão e do Raio que representa São Jerônimo.	Saudade da África.
Eleito o atleta do século.	Maior líder negro vivo, lutou contra o Apartheid. Foi presidente da África do Sul, de 1994 até 1999.	Mesclar vários cultos, crenças, deuses.
Jornalista, orador e escritor, foi um dos maiores abolicionistas.	É o mesmo que energia, força Vital.	
Orixá do Trovão e do Raio que representa São Jerônimo.	No sincretismo religioso, é Nossa Senhora da Conceição Aparecida.	Indivíduos nascidos no Brasil, mas que têm suas origens nos africanos trazidos para cá como escravos.
Foram as formas de reação do povo negro contra a violência do escravismo.	Último chefe guerreiro do Quilombo dos Palmares e principal símbolo da resistência do povo negro na atualidade.	Prega a superioridade entre as raças.

Cartela 2

Escultor e arquiteto. Importante artista do Brasil Colonial. Ficou conhecido como Aleijadinho.	Ato de escravizar.	Cruzamento inter-racial.
Aldeia organizada por negros que fugiam da escravidão.	É o maior líder negro vivo, lutou contra o Apartheid. Foi presidente da África do Sul de 1994 até 1999.	
	TEN	Principal líder da "Revolta da Chibata", foi intitulado "O Almirante Negro".

Cartela 3

É o modo de vida de um povo, suas ideias, linguagens, instrumentos, sentimentos...	Saudade da África.	Nascida na África, foi uma das principais organizadoras da Revolta dos Malês.
TEN	Orixá do Trovão e do Raio que representa São Jerônimo.	Prega a existência de superioridade de uma raça sobre a outra.
Principal líder da "Revolta da Chibata", foi intitulado "O Almirante Negro".	Último chefe guerreiro do Quilombo dos Palmares e principal símbolo da resistência do povo negro na atualidade.	Ideologia que prega que as relações raciais no Brasil foram perfeitamente democráticas.
Escultor e arquiteto. Importante artista do Brasil Colonial. Ficou conhecido como Aleijadinho.	Último chefe do Quilombo dos Palmares. Principal símbolo da resistência do povo negro na atualidade.	Jornalista, orador, escritor e um dos maiores abolicionistas.
Saudade da África.	Conjunto de valores culturais e espirituais do mundo negro. Condição das pessoas da raça negra.	É o modo de vida de um povo, suas ideias, linguagens, instrumentos, sua organização social e visão do mundo.
Ato de escravizar.	Indivíduos nascidos no Brasil, mas que têm suas origens nos africanos trazidos para cá como escravos.	Um dos maiores escritores da língua portuguesa. Criado no Morro do Juramento, no Rio de Janeiro, escreveu **Dom Casmurro**.

Cartela 4

Eleito atleta do século.	Religião de origem Africana que cultua os Orixás.	Principal líder da "Revolta da Chibata", foi intitulado "O Almirante Negro".

Um dos maiores escritores da língua portuguesa. Criado no Morro do Juramento, no Rio de Janeiro, e escreveu **Dom Casmurro**.	Divindade das religiões afro-brasileiras.	Misto de dança e luta.	Ato de escravizar.
Saudade da África.	Saxofonista e compositor popular brasileiro, é o autor da canção **Carinhoso**.	Aldeia organizada por negros que fugiam da escravidão.	O mais importante quilombo brasileiro.
Escultor e arquiteto, além de importante artista do Brasil Colonial. Ficou conhecido como Aleijadinho.	Principal líder da "Revolta da Chibata". Foi intitulado "O Almirante Negro".	Eleito o atleta do século.	Prega a existência de superioridade.

Último chefe guerreiro do Quilombo dos Palmares e principal símbolo da resistência do povo negro na atualidade.	É um instrumento musical africano.	Um dos maiores escritores da língua portuguesa. Criado no Morro do Juramento, no Rio de Janeiro, escreveu **Dom Casmurro**.	Ato de escravizar.
Saudade da África.	É o modo de vida de um povo negro, suas ideias, linguagens, instrumentos, sua organização social, visão do mundo.	Jornalista, orador, escritor. Foi um dos maiores abolicionistas.	Aldeia organizada por negros que fugiam da escravidão.
Principal líder da "Revolta da Chibata", foi intitulado "O Almirante Negro".	TEN	Prega a existência de superioridade entre as raças.	Maior líder negro vivo, lutou contra o Apartheid. Foi presidente da África do Sul, de 1994 até 1999.

Músico popular e pintor autodidata brasileiro, é autor da canção **Pierrô Apaixonado**.	É o modo de vida de um povo, suas ideias, linguagens, instrumentos, sua organização social, visão do mundo.	TEN	Ato de escravizar.
Jornalista, orador, escritor, foi um dos maiores abolicionistas.	Nascida na África, foi uma das principais organizadoras da Revolta dos Malês.	Religião de origem africana que cultua os Orixás.	Indivíduos nascidos no Brasil, mas que têm suas origens nos africanos para cá trazidos como escravos.
Berço da Civilização Mundial. Terceiro continente.	Último chefe guerreiro do Quilombo dos Palmares e principal símbolo da resistência do povo negro na atualidade.	Um dos maiores escritores da língua portuguesa. Criado no Morro do Juramento, no Rio de Janeiro, e escreveu **Dom Casmurro**.	O mais importante quilombo brasileiro.

Orixá do Trovão e do Raio, que representa São Jerônimo.	Religião de origem africana que cultua os Orixás.	Escultor e arquiteto, além de importante artista do Brasil Colonial. Ficou conhecido como Aleijadinho.	Dança dos negros angolanos, mas no Brasil é sinônimo de festa, confraternização.
Indivíduos nascidos no Brasil, mas que têm suas origens nos africanos para cá trazidos como escravos.	Dança de origem africana, muito popular no Brasil.	Nascida na África, foi uma das principais organizadoras da Revolta dos Malês.	TEN
Um dos maiores escritores da língua portuguesa. Criado no Morro do Juramento, no Rio de Janeiro, escreveu **Dom Casmurro**.	Ato de escravizar.	Comida de origem africana, muito popular entre os brasileiros.	Saxofonista e compositor popular brasileiro, é o autor da canção **Carinhoso**.

Saxofonista e compositor popular brasileiro, é o autor da canção **Carinhoso**.	Principal líder da "Revolta da Chibata", foi intitulado **O Almirante Negro.**	Orixá do Trovão e do Raio que representa São Jerônimo.	Prega a existência de superioridade entre uma raça sobre a outra.
Um dos mais importantes escritores de romance urbano e de crítica social no Brasil. Escreveu **Triste fim de Policarpo Quaresma**.	Ato de escravizar.	Saudade da África.	Tratamento depreciativo dado a pessoa de determinada raça.
Misto de dança e luta.	Um dos maiores escritores da língua portuguesa. Criado no Morro do Juramento, no Rio de Janeiro, escreveu **Dom Casmurro**.	O mais importante quilombo brasileiro.	Músico popular e pintor autodidata brasileiro, é autor da canção "Pierrô Apaixonado".

Escultor e arquiteto, além de importante artista do Brasil Colonial. Ficou conhecido como Aleijadinho.	Indivíduos nascidos no Brasil, mas que têm suas origens nos africanos para cá trazidos como escravos.	É o maior líder negro vivo, lutou contra o Apartheid. Foi presidente da África do Sul, de 1994 até 1999.	Aldeia organizada por negros que fugiam da escravidão.
Negros de cultura iorubá, com influência religiosa no Brasil.	Escrava que inspirou grande amor no contratador João Fernandes.	Reconhecimento de suas origens étnicas. Orgulho e valorização das raízes africanas.	Ato de escravizar.
O mais importante quilombo brasileiro.	Músico popular e pintor autodidata brasileiro, é autor da canção **Pierrô Apaixonado**.	Nascida na África, foi uma das principais organizadoras da Revolta dos Malês.	Eleito o atleta do século.

Orixás	Lima Barreto	Xangô	Miscigenação	
Luiza Mahin	Discriminação Racial	Democracia Racial	Iemanjá	
Pixinguinha	Consciência Negra	Capoeira	Feijoada	
Negritude	Autoestima	Kizomba	Pelé	
Machado de Assis	Zumbi	Sincretismo	João Cândido	Antônio Francisco Lisboa
Candomblé	Quilombos	Cultura Negra	José do Patrocínio	Resistência Negra
Axé	Nelson Mandela	Atabaque	Escravização	Cultura
Teatro Experimental do Negro	Palmares	Heitor dos Prazeres	Samba	Nagôs
África	Afro-brasileiro	Xica da Silva	Racismo	Banzo

BINGO NEGRO	BINGO NEGRO	BINGO NEGRO	BINGO NEGRO	BINGO NEGRO	BINGO NEGRO	BINGO NEGRO	BINGO NEGRO	BINGO NEGRO
BINGO NEGRO	BINGO NEGRO	BINGO NEGRO	BINGO NEGRO	BINGO NEGRO	BINGO NEGRO	BINGO NEGRO	BINGO NEGRO	BINGO NEGRO
BINGO NEGRO	BINGO NEGRO	BINGO NEGRO	BINGO NEGRO	BINGO NEGRO	BINGO NEGRO	BINGO NEGRO	BINGO NEGRO	BINGO NEGRO
BINGO NEGRO	BINGO NEGRO	BINGO NEGRO	BINGO NEGRO	BINGO NEGRO	BINGO NEGRO	BINGO NEGRO	BINGO NEGRO	BINGO NEGRO
BINGO NEGRO	BINGO NEGRO	BINGO NEGRO	BINGO NEGRO	BINGO NEGRO	BINGO NEGRO	BINGO NEGRO	BINGO NEGRO	BINGO NEGRO

JOGO DO CONTRAPONTO

Objetivo:
Proporcionar momentos de reflexão e debate sobre a questão racial brasileira, possibilitando a formação de conceitos e conclusões, bem como a preparação para uma produção de texto sobre o tema "O racismo no Brasil".

Material necessário:
- Fichas com frases sobre a questão racial brasileira (uma frase deve se contrapor a outra);

- Aparelho de som;

- Folha de papel ofício para a redação.

Preparação:
Música ambiente para distribuição das fichas entre os participantes, em pontos estratégicos.

Desenvolvimento:
- Ao som da música, os participantes deverão passar as fichas entre si, para serem lidas por todos;

- Após algum tempo, cessar a música. Quem estiver com a frase na mão, deverá lê-la e comentá-la;

- O próximo a ler e a comentar será aquele participante que estiver com a frase que se contrapuser à frase lida anteriormente;

- Toca-se a música, repetindo-se o mesmo procedimento anterior. O jogo termina quando todos houverem lido e comentado as frases.

A CULTURA NEGRA É ASSUNTO DE BRASILEIROS.	CONSCIÊNCIA NEGRA, PRECONCEITO E DISCRIMINAÇÃO SÃO ASSUNTOS DOS NEGROS.
O COMBATE AO RACISMO, AO PRECONCEITO E ÀS DESIGUALDADES SOCIAIS SÃO ASSUNTOS PARA TODOS.	OS NEGROS TÊM VERGONHA DE SER NEGROS.
A CULTURA NEGRA DEVE SER ESTUDADA PELOS NEGROS, POIS É A CULTURA DELES.	O BRASILEIRO VALORIZA SOMENTE SUAS RAÍZES EUROPEIAS.
O BRASILEIRO RECONHECE E VALORIZA SUAS RAÍZES. (INDÍGENAS, NEGRAS, EUROPEIAS).	EXISTE PRECONCEITO RACIAL NO BRASIL.
NÃO EXISTE PRECONCEITO RACIAL NO BRASIL.	OS NEGROS SE ORGULHAM DE SUA RAÇA.

TRILHAFRO

Objetivo:

Proporcionar, de forma lúdica, uma oportunidade de maior conhecimento sobre a cultura negra.

Material necessário:

- Jogo "TRILHAFRO";
- Um dado;
- Botões de cores diferentes para cada jogador;
- Cartas-desafio.

Preparação:

- Reproduzir, por meio de xerox, a TRILHAFRO e as cartas-desafio para cada grupo formado;

- Dividir a turma em pequenos grupos, com três ou quatro jogadores.

Desenvolvimento:

- Começa o jogo quem tirar o número mais alto no dado;

- Lançar o dado. Andar o número de casas de acordo com o número sorteado e seguir as ordens da TRILHAFRO;

- Quem cair nos pontos de interrogação deverá tirar uma carta-desafio e entregá-la, sem ler, para o próximo jogador. Este vai ler a pergunta da carta para quem a entregou e conferir sua resposta. Se o jogador adversário acertar, pode avançar duas casas. Se errar, deverá voltar três casas.

Qual o apelido do maior artista negro entalhador do século XVIII, chamado Antônio Francisco Lisboa?  Resposta: Aleijadinho	O que significa a sigla TEN?  Resposta: Teatro Experimental do Negro
Qual o nome do chefe guerreiro que comandou o quilombo mais famoso do Brasil? 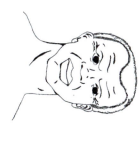 Resposta: Zumbi	Qual o nome do pigmento que dá cor à nossa pele?  Resposta: Melanina
O que é racismo?  Resposta: Ideologia que prega a superioridade de uma raça sobre a outra.	Qual o nome do continente que é o berço da civilização mundial, além de ser o terceiro em extensão.  Resposta: África
Diga o nome de quatro orixás do candomblé, religião brasileira de origem africana. 	Qual o nome do líder africano que lutou contra o apartheid na África do Sul?  Resposta: Nelson Mandela
Quem comandou a Revolta da Chibata?  Resposta: João Cândido	O que é miscigenação?  Resposta: Cruzamento Inter-racial

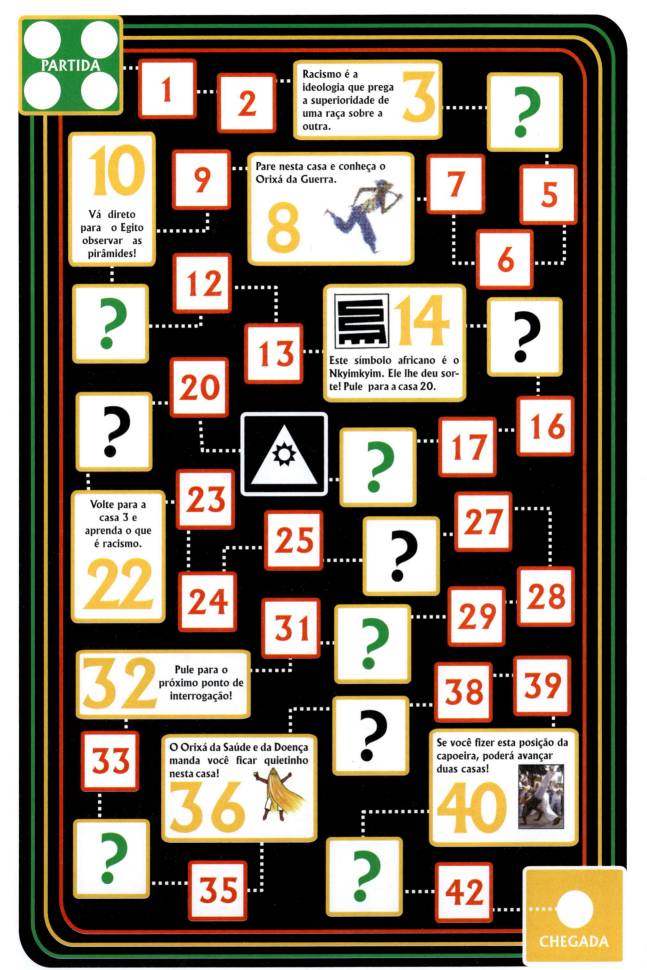

Na Trilha da Lei

Objetivo:
Conhecer algumas leis que estão diretamente ligadas à questão racial brasileira.

Material necessário:
- Jogo "Na Trilha da Lei";
- Um dado;
- Botões de cores diferentes para cada jogador.

Preparação:
Xerocar o jogo "Na Trilha da Lei" para os grupos que serão formados com os alunos.

Desenvolvimento:

(Entre dois jogadores, só poderá iniciar o jogo quem tirar, no dado, o número 1.)

- Lançar o dado, andar o número de casas de acordo com o número sorteado e seguir as ordens da trilha;

- Vence quem primeiro alcançar a "Chegada".

Sugestões para extrapolação do jogo:

- Pesquisa mais aprofundada sobre as leis que aparecem na trilha;

- Montagem de um painel sobre as leis, para esclarecimento da comunidade escolar;

- Convidar algum advogado ligado aos movimentos sociais negros para esclarecer melhor sobre as leis;

- Simular um debate sobre as leis do "Ventre Livre" e dos "Sexagenários", em que a turma seja dividida em duas partes: um lado contra e outro a favor das leis. Os alunos se manifestarão, colocando argumentos de acordo com o ponto de vista do grupo que ele estiver representando (espécie de júri simulado).

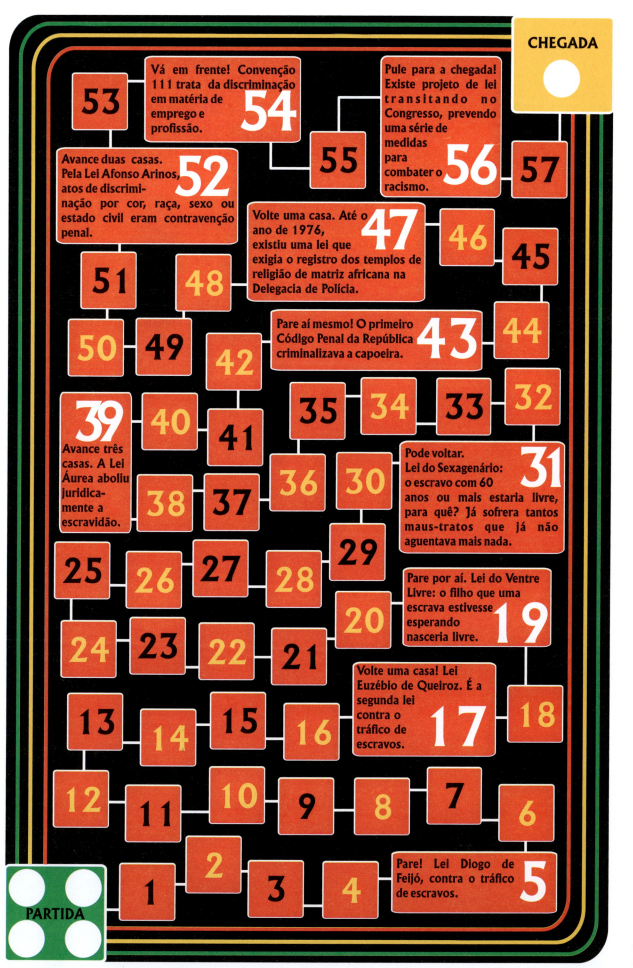

NA TRILHA DO PRECONCEITO

Objetivo:
Promover reflexão e debate sobre estereótipos e preconceitos cristalizados no modo de pensar das pessoas, sobre o povo negro e sua cultura.

Material necessário:
- Um dado;
- Fichas ou botões coloridos;
- Cartela da trilha.

Preparação:
Xerocar a cartela da trilha para cada grupo de três a quatro alunos.

Desenvolvimento:
- Sortear o jogador que irá iniciar o jogo;

- Lançar o dado, anotar o número de casas de acordo com o número sorteado no dado e seguir as ordens da trilha;

- Vencerá o jogo aquele que primeiro alcançar a chegada.

Sugestões para extrapolação do jogo:
- Promover debates sobre as afirmações da trilha;

- Fazer levantamento sobre as outras várias formas de preconceito expressas por meio de palavras, provérbios e expressões;

- Promover um debate sobre essas formas de preconceito e incentivar os alunos, especialmente os negros, a se posicionarem, apresentando seus sentimentos em relação a essas expressões, provérbios e frases racistas;

- Trabalhar com os alunos sobre maneiras de reconstruir estas frases, expressões e provérbios, no sentido de eliminar delas o cunho racista;

- Escolher algumas alternativas que propiciem uma pesquisa esclarecedora sobre o preconceito nelas contido. (Exemplo: leia o texto da casa 22. Pesquise os últimos dados do IPEA, sobre a distribuição da população por cor.

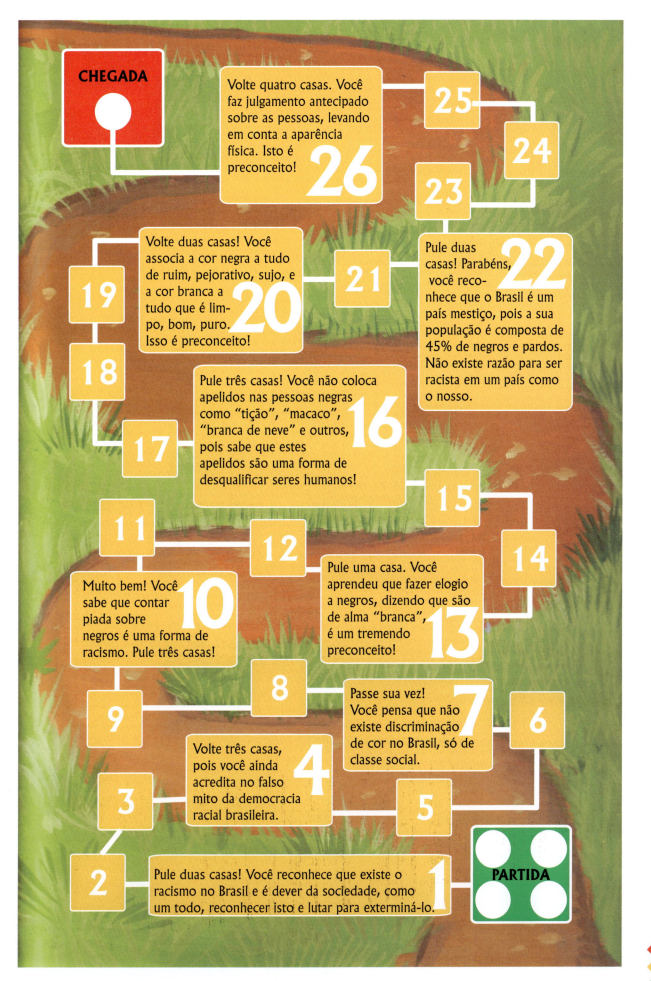

Jogo da Memória "Quem é Quem?"

Objetivo:
Promover maior conhecimento sobre personalidades negras, símbolos, instrumentos e objetos pertencentes à cultura negra.

Material necessário:
Jogo da memória "Quem é Quem?".

Preparação:
Recortar e colar todas as fichas em papel do tipo cartolina do mesmo tamanho (se possível, impermeabilizar o jogo com papel autocolante transparente; o material irá durar mais tempo).

Desenvolvimento:

- Embaralhar todas as fichas sobre a mesa com os retratos e o texto voltados para baixo. Cada jogador, em sua vez, desvira duas fichas à sua escolha;

- Se houver coincidência entre uma ficha com retrato e a ficha do texto que fala sobre aquela personalidade, o jogador guarda as duas fichas e tem direito a mais uma jogada;

- Se não houver coincidência, o jogador volta a virá-las, sem tirá-las da posição em que se encontravam na mesa e passa a vez ao jogador seguinte;

- Enquanto um jogador continua ou avança, os outros procuram guardar na memória a posição das fichas desviradas.

Santo Agostinho
Nasceu em 354, em Tagaste (Argélia). Tornou-se grande teólogo. Seus escritos são até hoje reverenciados.

Milton Nascimento
Autor das canções **Travessia** e **Coração de Estudante**. É um dos maiores cantores brasileiros da atualidade.

Ginga de capoeira
É o balanço do corpo para a esquerda, para a direita, para a frente, trás e frente, faz os capoeiristas se prepararem para os golpes.

José do Patrocínio
Líder abolicionista, jornalista e escritor.

Dom Silvério Gomes Pimenta
Primeiro bispo negro brasileiro.

Au
Golpe de capoeira que parece a estrela da ginástica de solo.

Atabaque
Instrumento usado na capoeira.

Escrava Anastácia
Uma escrava que simboliza todas as mulheres negras torturadas e estupradas até a morte pelos senhores de fazenda.

Nkyimkyie
É um símbolo africano da cultura *adrinka* que significa tenacidade, persistência, *habilidade* em resistir às dificuldades.

Ogum
Deus da Guerra, do Ferro, da Metalurgia e da Tecnologia.

Sankofa
É um símbolo africano da cultura *adrinka* que significa que o futuro pode ser construído sobre os aspectos do passado.

Iemanjá
Divindade do Candomblé. Senhora do mar e da fertilidade.

Zumbi — Líder guerreiro do Quilombo dos Palmares. 	**André Rebouças** — Engenheiro construtor do Porto da cidade do Rio de Janeiro. Membro ativo do movimento abolicionista. 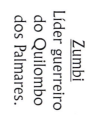	**Abdias do Nascimento** — Fundador do Teatro Experimental do Negro em 1944 (TEN).
Xica da Silva — Popularizou-se no arraial do Tijuco, hoje cidade de Diamantina. Mulher negra rebelde e de caráter forte. 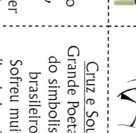	**Machado de Assis** — De origem negra, foi fundador e primeiro presidente da Academia Brasileira de Letras, sendo considerado um dos maiores escritores do País. 	**Pixinguinha** — Músico, compositor e maestro, autor da célebre música **Carinhoso**. 
Cruz e Souza — Grande Poeta, pai do simbolismo brasileiro. Sofreu muitas discriminações. Era abolicionista. 	**Berimbau** — Instrumento usado na capoeira, para dar ritmo aos golpes. Pode ser o gunga, médio e ou viola.	
Mandela — Maior adversário do Apartheid. Mesmo condenado à prisão perpétua, continuou lutando. 	**Aleijadinho** — Antônio Francisco Lisboa, escultor, santeiro e arquiteto, foi um artista talentoso negro do século XVIII. 	
Martin Luther King — Pastor negro americano que lutou pelos direitos civis dos negros nos Estados Unidos.	**João Cândido** — Líder da Revolta da Chibata. Morreu em 1969, esquecido pela historiografia nacional. 	

BIBLIOGRAFIA

BENTO, Maria Aparecida. *Cidadania em Preto e Branco*. Discutindo as Relações Raciais. São Paulo: Ática, 1999.

CADERNOS NEGROS. Os Melhores Poemas. São Paulo: Quilombo Hoje,1998.

CASA DE CULTURA DA MULHER NEGRA. *Eparrei*. Santos, SP, 2001.

CASHMORE, Ellis. *Dicionário de Relações Étnicas e Raciais*. São Paulo: Summus, 2000.

CAVALEIRO, Eliane (Org.). *Racismo e Anti-Racismo na Educação*: Repensando nossa Escola. São Paulo: São Luiz, 1999.

CENTRO DE CULTURA NEGRA DO MARANHÃO. *A Verdadeira História do Brasil são outros Quinhentos*. São Luiz, 1999.

CHIAVENATO, Júlio José. *O Negro no Brasil* Da Senzala à Abolição. São Paulo: Moderna, 1999.

CORTES, Gustavo. *Festas e Danças Populares*. Belo Horizonte: Leitura, 2000.

CRUZ, Manoel de Almeida. *A Pedagogia Interétnica*. Salvador: Faculdade de Educação da UFBA, 1985.

DAYREL, Juarez (Org.). *Múltiplos Olhares*: Sobre Educação e Cultura. Belo Horizonte: Editora UFMG, 1996.

EQUIPE DE RELIGIOSOS NEGROS. *Vocação do Som do Atabaque*. Petrópolis: Vozes, 1993.

FREIRE, Paulo. *Pedagogia da Autonomia* - Saberes Necessários à Prática Educativa. São Paulo: Paz e Terra, 1996.

GOMES, Nilma Lino. Educação Cidadã, Etnia e Raça: O trato pedagógico da Diversidade. In: CAVALEIRO, Eliane (Org.). *Racismo e Anti-Racismo na Educação -* Repensando nossa Escola. São Paulo: Summus, 2001.

GONÇALVES, Luiz Alberto Oliveira; GONÇALVES E SILVA, Petronilha Beatriz. *O jogo das Diferenças*. Belo Horizonte: Autêntica, 1998.

MINISTÉRIO DA EDUCAÇÃO. Secretaria de Educação Fundamental. *Parâmetros Curriculares Nacionais*: primeiro e segundo ciclos do ensino fundamental. Brasília: MEC/SEF, 1997.

MOURA, Antônio de Paiva. A Cultura Afro-Brasileira e a Festa do Rosário em Diamantina. Minas Gerais. *Gazeta Tijucana*, 1998.

MUNANGA, Kabengele (Org.). *Estratégias e Políticas de Combate à discriminação Racial*. São Paulo: Ed.Universidade de São Paulo, 1996.

OLIVEIRA, Eduardo de (Org.). *Quem é Quem na Negritude Brasileira*. São Paulo, 1998.

PETA, Rosângela. Arte Marcial Capoeira O jeito Brasileiro de ir à Luta. *Revista Super Interessante*, 1998.

PINSKI, Jaime. Escola, Espaço de Luta contra a Discriminação. In: Grupo de Trabalho para Assuntos Afro-Brasileiros (GTAAB), Secretaria de Educação. *Escola: Espaço de Luta contra Discriminação*. São Paulo: Secretaria de Educação do Estado, maio, 1998.

PRANTI, Reginaldo. *Ifá, o Adivinho*. São Paulo: Companhia das Letrinhas, 2002.

REIS, Jocão José. *Rebelião Escrava no Brasil* (A História do levante dos Malês). Editora Brasiliense, 1987.

REVISTA SUPER INTERESSANTE. Coleção o Corpo Humano. Pele: A embalagem perfeita. São Paulo: Abril, v. 8, 1998.

SANTOMÉ, Jurjo Torres. *Globalização e Interdisciplinariedade*. O Currículo Integrado. Porto Alegre: Artes Gráficas, 1998.

MINAS GERAIS. *100 anos de Abolição - O Negro Hoje*. Belo Horizonte, 1988. Suplemento Literário.

VALENTE, Ana Lúcia E. F. *Ser Negro no Brasil Hoje*. São Paulo: Moderna, 1994.

REFERÊNCIAS

CHIAVENATO, Júlio José. *O Negro no Brasil* - Da Senzala à Abolição. São Paulo: Moderna, 1999.

CUNHA JÚNIOR, Henrique. As Estratégias de Combate ao Racismo. Movimentos Negros na Escola, na Universidade e no pensamento Brasileiro: In: MUNANGA, Kabengele (Org.). *Estratégias e Políticas de Combate à Discriminação Racial*.

VALENTE, Ana Lúcia E. F. *Ser Negro no Brasil Hoje*. São Paulo: Moderna, 1994.

Neste momento de luta pelos direitos sociais, medidas efetivas devem ser tomadas por todas as instituições que lutam pela construção de um tempo novo de equidade social.

No âmbito educacional, professores comprometidos com a construção de uma nova cultura contra a exclusão e o insucesso escolar vêm tecendo novas propostas.

É neste sentido que o **Nzinga Coletivo de Mulheres Negras de Belo Horizonte** apresenta a todos o "ALMANAQUE PEDAGÓGICO AFRO-BRASILEIRO – Uma proposta de intervenção pedagógica na superação do racismo no cotidiano escolar"; com o objetivo de promover ações afirmativas no campo da educação e em cumprimento à Lei 10.639/03 que trata da obrigatoriedade do ensino de historia da cultura afro no currículo escolar.

Apresentamos aos educadores material alternativo com sugestões e informações que os inspire na construção de metodologias positivas de tratamento pedagógico da diversidade racial.

LEI Nº 10639, de 9 de Janeiro de 2003.
Presidência da República
Casa Civil
Subchefia para assuntos jurídicos

Mensagem de veto

Altera a Lei nº 9.394, de 20 de dezembro de 1996, que estabelece as diretrizes e bases da educação nacional, para incluir no currículo oficial da Rede de Ensino a obrigatoriedade da temática "História e Cultura Afro-Brasileira", e dá outras providências.

O PRESIDENTE DA REPÚBLICA Faço saber que o Congresso Nacional decreta e eu sanciono a seguinte lei:

Art. 1º A lei nº 9.394, de 20 de dezembro de 1996, passa a vigorar acrescida dos seguintes arts. 26-A, 79-A e 79-B

"Art.26-A. Nos estabelecimentos de ensino fundamental e médio, oficiais e particulares, torna-se obrigatório o ensino sobre História e Cultura Afro-Brasileira".

§1º O Conteúdo programático a que se refere o **caput** deste artigo incluirá o estudo da História da África e dos Africanos, a luta dos negros no Brasil, a cultura negra brasileira e o negro na formação da sociedade nacional, resgatando a contribuição do povo negro nas áreas social, econômica e política pertinentes à História do Brasil.

§2º Os conteúdos referentes à História e Cultura Afro-Brasileira serão ministrados no âmbito de todo currículo escolar, em especial nas áreas de Educação Artística e de Literatura e História Brasileiras.

§ 3º (Vetado)

§ "Art. 79 - A. (Vetado)

§ "Art. 79 - B. O calendário escolar incluirá o dia 20 de novembro como 'Dia da Consciência Negra'."

Art. 2º Esta lei entra em vigor na data de sua publicação.

Brasília, 9 de Janeiro de 2003; 182º da Independência de 115º da Republica.

LUIZ INÁCIO LULA DA SILVA
Cristovam Ricardo Cavalcanti Buarque

Diretrizes Curriculares Nacionais para a Educação das Relações Étnico-Raciais e para o Ensino da História e Cultura Afro-Brasileira e Africana.

Outras publicações da Mazza Edições:

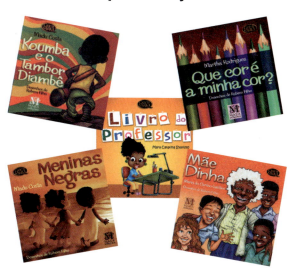

Coleção GRIOT MIRIM

Koumba e o tambor Diambê
Que cor é a minha cor?
Meninas negras
Livro do Professor

Autoras: Madu Costa, Madu Galdino, Mara Catarina e Martha Rodrigues

Coleção OLERÊ

O Congado para Crianças
(Livro de Texto/Imagens e Livro do Professor)

Autor: Edimilson de Almeida Pereira

Alfabeto Negro
(Livro de Texto/Imagens e Manual do Professor)

Bonecas negras, cadê?

Contando a história do Samba

Negritude, cinema e educação

O negro na filatelia brasileira

Os comedores de palavras

PEDIDOS PARA:

MAZZA EDIÇÕES
Rua Bragança, nº 101 – Bairro Pompeia
CEP: 30280-410 • Belo Horizonte - MG
Telefax: (31) 3481-0591
e-mail: edmazza@uai.com.br
www.mazzaedicoes.com.br

AUTORA

Rosa Margarida de Carvalho Rocha é pedagoga. Especialista em Didática – Fundamentos Teóricos da Prática Pedagógica e Estudos Africanos e Afro-Brasileiros.
Mestre em Educação pela Universidade Estadual de Minas Gerais (UEMG).

♦ Funcionária da Prefeitura Municipal de Belo Horizonte - Núcleo Étnico-racial e de Gênero e do Grupo Técnico de Trabalho sobre a Promoção da Igualdade Racial da SMED-BH.

♦ Foi Assessora do MEC em 2004/2005 para a concepção e elaboração do livro Orientações e Ações para a Educação das Relações Étnico-Raciais, coordenando pelo GT [por extenso] Ensino Fundamental.

♦ Exerceu o cargo de Assessora Especial da Secretaria de Educação de Minas Gerais, implementando a política educacional que orientou e apoiou o desenvolvimento da Educação das relações étnico-raciais no cotidiano das escolas (2004/2005/2006). Criou o PRÓ-AFRO, "Projeto de Valorização da Cultura Negra nas Escolas de Minas".

♦ Assessora Especial da Secretaria Municipal de Educação da Cidade de Sabará (MG) na implantação do Plano de Intervenção Pedagógica quanto à inserção da valorização da cultura afro-brasileira e africana no currículo escolar.

♦ Assessora Especial da Secretaria de Estado de Educação do Paraná para a concepção e elaboração dos "Cadernos Temáticos" - Lei 10.639/03 - Inserção dos Conteúdos de História e Cultura Afro-Brasileira e Africana nos Currículos Escolares (Caderno 5).

♦ Assessora Especial da Secretaria de Educação da cidade de Congonhas (MG) para o "Projeto de Formação Continuada de Professores: História da África na Educação Básica - Pressupostos Didático-Pedagógicos".

♦ É coautora do livro Alfabeto Negro. Autora dos Direitos Essenciais da Criança Negra na Escola e do Almanaque Pedagógico Afro-Brasileiro - Uma intervenção Pedagógica na Superação do Racismo no Cotidiano Escolar, Educação das Relações Étnico-Raciais - Pensando Referenciais para a Organização da Prática Pedagógica; Almanaque Pedagógico – História da África na Educação Básica: Referenciais para uma proposta de trabalho (2008); Pedagogia da Diferença - A Tradição oral africana como subsídio para a prática pedagógica brasileira (2009).

♦ Elaborou a intervenção pedagógica no conto africano "Os comedores de palavras", de Edimilson de Almeida, e do Caderno Pedagógico do Projeto "Cantando a História do Samba", de Elzelina Dóris.

♦ Ministrou o Seminário "Práticas Pedagógicas e Inclusão Racial", no Curso de Estudos Africanos e Afro-Brasileiros (Pós-Graduação) no Instituto de Educação Continuada (IEC) da PUC-MINAS.